U0566286

Werner Eck

© Verlag C.H.Beck oHG, München 2014

奥古斯都
和他的时代

AUGUSTUS UND SEINE ZEIT

〔德〕维尔纳·埃克 / 著

林晓萌 / 译

社会科学文献出版社
SOCIAL SCIENCES ACADEMIC PRESS (CHINA)

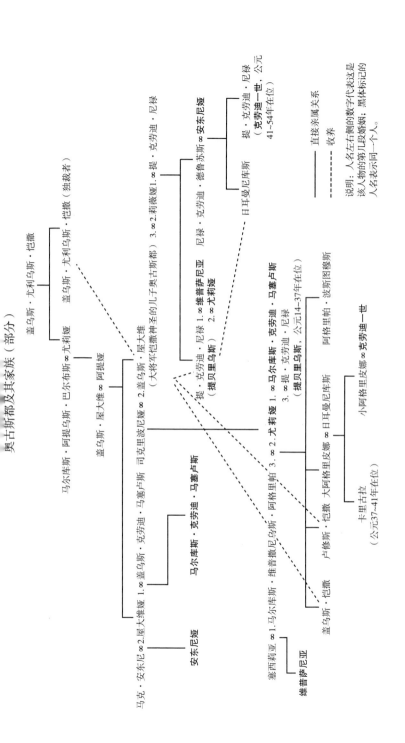

奥古斯都及其家族（部分）

说明：人名左右侧的数字代表这是该人物的第几段婚姻；黑体标记的人名表示同一个人。

—— 直接亲属关系
------ 收养

第一章　尾声 / *001*

第二章　好出身——前途无量的亲族关系 / *008*

第三章　篡权及其合法化 / *012*

第四章　合法的专制 / *021*

第五章　成为合法领袖之路 / *031*

第六章　决战：阿克提姆与亚历山大港 / *044*

第七章　新的政治秩序：成为第一公民之路 / *058*

第八章　元首制的设立 / *073*

第九章　第一公民与罗马上层阶级 / *095*

第十章　政治权力实践：帝国的治理 / *109*

第十一章　军队的整合 / *121*

第十二章　扩张者与"救世主" / *132*

第十三章　罗马城——奥古斯都之城 / *149*

第十四章　对政治可持续性的求索——继承人
　　　　　问题 / *160*

第十五章　死亡与未来 / *171*

大事年表 / *179*

图片来源 / *186*

参考文献 / *187*

索　引 / *189*

Contents /

第一章　尾声

公元 14 年末，一封内容翔实的信件被寄到了安纳托利亚高原的中部：加拉太—潘菲利亚省的首府安卡拉市①。收信人是总督，寄信人是时任代理执政官们。这些名义上的最高官员们告诉总督，在被奉为神明的奥古斯都逝世后，他的书面遗嘱已在元老院被当众宣读，其中包括他亲自撰写的《功业录》（ *Res Gestae* ）②，里面记录了他为罗马人做出的丰功伟绩，以及他本人的资金贡献。遵照奥古斯都在罗马城宣布的遗命，这篇文

---

①　原文为 Ancyra，也译作安基拉，现为土耳其首都。（如无特别说明，本书页下注均为译者注。）

②　全称为 *Res Gestae Divi Augusti*，直译应为《奥古斯都神的功业》，中文通常译为《奥古斯都功业录》。

章被镌刻在了他陵墓前的两根青铜柱上。然而，仅在罗马城宣扬这些功绩是不够的，按照元老院的意思，各个行省也都该通知到。因此，执政官们把这份《功业录》附在了信里。

为了达成元老院的意愿，省长最先做了什么，我们不得而知。他很可能把人们召集到剧院或集市广场，用希腊语向他们宣读了这篇文章，但是肯定不止这些。原因是，他最终将这位已逝统治者的话语传遍了全省，并镌刻在石头上得以永存：在安卡拉，拉丁文和希腊文版本的《功业录》被刻在为罗马和奥古斯都建造的安卡拉神殿（Monumentum Ancyranum）的墙壁上。

这部被西奥多·蒙森称为"铭文女皇"（Königin der Inschriften）的《功业录》是一幅奥古斯都的自画像，是他的生平与功绩的写照；它所呈现的正是罗马第一公民 ① 希望他留在人们记忆中的样子。在 19 岁时，奥古斯都忽然"出

---

① 译自拉丁语 Princeps，源自 Princeps Senatus，意为元老院首席议员，中文通常译为第一公民。这原是古罗马共和国时期元老院的荣誉职衔，后用于屋大维所创建的罗马元首制度，即历史俗称罗马皇帝的正式称呼。

于自愿"、凭借"私人财产"站上了罗马的政治舞台。他以领导者的形象站在这一舞台之上，直至他生命的第 76 年（公元 14 年），《功业录》最后一次被当众宣读。这一在公元前 44 年其自愿从事的事业，不久之后就得到了元老院的首肯与祝福，虽然一开始他们是被迫的。年迈的奥古斯都详细地列出了他从元老院和民众那里承接来的公共职能与责任。奥古斯都在整个罗马世界的地位是前无古人的，他所获得的成就无与伦比，他的才干无人能及。他把对罗马民众的统治延伸到各个角落，即使是那些他出于审慎考虑而未去征服的人们，也不得不承认他明确的主导地位。在他的领导下，帝国在国境内外获得了前所未有的实力与声望，远至阿尔巴尼亚、伊比利亚以及印度的诸王国都派遣公使来到罗马。元老院和民众以一种全新的方式认可了他的卓越成就。元老院授予他奥古斯都的称号，还用月桂树和槲叶环装饰了其住所的大门。他们将一块金质荣誉盾牌挂在了元老院议事堂中，盾牌上写有奥古斯都的美德：勇气（virtus）、仁慈（clementia）、正义（iustitia）、虔诚（pietas）。这些美德是其独一无二地位的基石。奥古斯都名正言顺地获得了国父（pater patriae）的称号，也顺理成章地坐稳了他通过个人功绩获得的"第一公民"之位。

我们无从知晓全省居民对这位逝去的领导者的自我陈述做出了何种反应。文中记述的一些功绩是已经为人熟知的，人们经常听闻奥古斯都的种种非凡业绩。每个城市都给予这位遥远的"尊主"无上的荣光，并在各处为他塑造雕像。人们为他设立祭坛，每年，全省的居民都会来到祭坛前，向他和他的子女宣誓，会用自己的生命来守护他。四十年来，对于加拉太的居民来说，奥古斯都虽然与他们相隔千里，但一直是他们心中强大的君主、超越凡人的存在。他向人们征收赋税，但也给他们带来了和平与安宁。

在罗马城里也是如此，人们在奥古斯都死后谈论起他在罗马帝国的非凡地位，从他那前无古人的 13 个任期谈到他获得的 21 个帝国荣誉，其中有很多是为他特设的。大约一百年后，历史学家塔西佗将人们的这些闲谈称为浅薄的空话，因为它们只注重表象，专注于头衔、荣誉以及嘉奖的数量之多。在他看来，那些清醒地审视奥古斯都统治时期的人，会得出一些其他的结论。他们没有忘记，年轻的奥古斯都如何肆无忌惮地在政治斗争中转换立场，如何通过行贿，在没有接到任何官方授命的情况下征召士兵，以及如何通过表面上关心共和国事务而骗取了官位。背叛和欺骗政治对手、对公民的野蛮行径才是他的"美德"，因为只有这些才能真正服务于他的事业、服务于他对权力的追求。他在反抗共和国时期的盟友——安东尼与雷必达，最终都被他以政治欺诈的方式打败了。尽管在那之后罗马获得了和平，但那是一种血腥的和平，无论对内还是对外——政治敌人都被扫除了，罗马军队也被消灭了。这些足以说明，那场令人震惊的、大败于日耳曼的战役为什么会发生。在奥古斯都去世的五年前，瓦卢斯在条顿堡森林战役中惨败①。

从塔西佗的描绘中看到的是一个强大且权力意识很强的人格，而不是以实现罗马人的诉

---

① 奥古斯都统治时期日耳曼人反对罗马占领军的一次战役，大致发生于公元9年9月。

求为主要政治目标的理想形象。如果人们能够且愿意透过那些遮遮掩掩的官方记录一探究竟的话，那么从道德范畴来看，奥古斯都的很多行为甚至可以说是邪恶的。

无论是对于他的批评者还是忠诚的追随者来说，无可争议的是，奥古斯都在过去的 58 年里一直是罗马的创造力和动力。公元前 44 年恺撒去世，奥古斯都随即站上政治舞台，并再也没有离开过。有望动摇其权力地位的政敌到公元前 30 年为止已全部消失。从那以后，他在政治和文化上决定性地塑造了罗马和整个帝国。当他去世时，人们都认为，如果失去了奥古斯都所创立的君主制，罗马的国家结构也会不复存在。如果这样的情况发生，要么是主宰地中海的罗马被彻底消灭，要么是再确立一个君主制政权。因此，（几乎）所有人都接受了这一制度。通往这一最终结果的道路是漫长而血腥的，充满了种种艰难的探索与妥协。必须承认，这种新型统治形式的稳定性也是导致这一结果的重要原因。

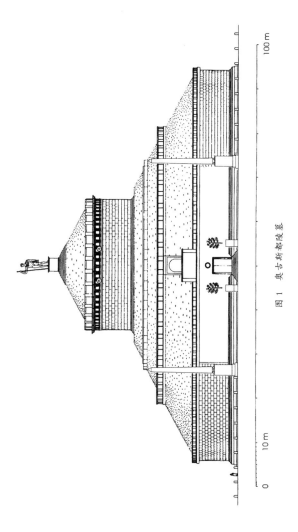

图 1 奥古斯都陵墓

0   10 m   100 m

第二章 好出身——前途无量的亲族关系

奥古斯都的家族来自韦莱特里，一座距罗马城约30公里远、坐落于阿尔巴尼山脚下的城市。父亲盖乌斯·屋大维出生于此地，最初属于骑士阶层，但是他同当时许多城市贵族中的领导成员一样，成功跻身罗马元老院，从而进入帝国的领导层。在公元前61年成为裁判官后，他赴马其顿行省任总督，在那里击败了色雷斯部落的培西人，因而被嘉奖为大将军。这件事为他凯旋罗马铺平了道路，不久他就当选为执政官。然而，他在途径坎帕尼亚的诺拉时去世，因而未能获得进入罗马城核心领导层的殊荣，即未能成为拥有执政官身份的元老院家族的一员。不过，后来的事实证明，这对其子女的地位并没有造成太大影响，因为在公元前 70 年到来前不久，他与一位名为阿提娅的女子缔结了一桩影响极为深远的婚姻。阿提娅的母亲是盖乌斯·尤利乌斯·恺撒的妹妹，她是这位未来的独裁者的外甥女。这样，奥古斯都便与这一属于城市贵族行列的古罗马城家族建立了联系。不过，这个家族在此前的很长一段时间里，都未曾在政治中扮演任何重要的角色。但是，在受传统观念影响的国都元老院圈子里，这样的家族资本很容易被重新激活。这一亲族关系决定了她儿子未来的人生命运。如果没有这层关系，罗马的历史会被彻底改写，至少，决定罗马命运的人不会是奥古斯都。

公元前 63 年 9 月 23 日，阿提娅在罗马城生下了她和盖乌斯·屋大维的最后一个孩子，也是他们唯一的儿子。他得到了与父亲一样的名字。四年之后父亲去世，母亲很快便嫁给了马尔库斯·菲利浦斯，他在公元前 56 年成为执政官。由于这层关系，他的继子也受益不少。不过，起决定作用的还是他的舅爷爷恺撒。

恺撒没有儿子，年轻的盖乌斯·屋大维和名叫L. 皮纳里乌思（L. Pinarius）、Q. 佩迪乌斯（Q. Pedius）的男子便是他血缘关系最近的男性亲属。同所有罗马人一样，恺撒想建立一个"王朝"，以尽可能地使他获得的地位在家族内通过血缘传承。后来的奥古斯都也是这样做的。

恺撒在公元前 46 年 4 月被"选举"为独裁官，任期十年（是在他的外甥孙的帮助下选上的），为此他做了哪些具体的计划，如今已经不得而知；据猜测，这些计划并不十分明确。可以确知的是，恺撒在他的遗嘱里将这个外甥孙定为主要继承人，让他继承了 3/4 的遗产，并且收养了他；另外两位继承者则共同获得了 1/4 的遗产。恺撒的老部下们也获得了部分遗产，恺撒能获得政治领导权，最应该感谢的就是他们。很难想象恺撒在遗嘱中只做了这些安排，这份遗嘱是在公元前 45 年 9 月 13 日起草的。早在那个时候，人们就已经看清，恺撒不可能放弃他在内战中获得的权力。但是，只要他在形式上遵守共和国的某些规章，就不能直接确定继承人；此外，他觉得没有必要这么早为他的身后事做出具体安排。不过，原则上，他的政治地位要交给谁，在他的遗嘱中已经体现得很明确了。同样明确指明的还有授予这位小亲戚的荣誉，以及对他进入贵族阶级的准许。然而，无论是恺撒还是年轻的屋大维都未曾料到，他的故事这么快便走到了尾声。

第三章　篡权及其合法化

恺撒于公元前 44 年 3 月 15 日被反对者谋杀身亡之时，年轻的屋大维正身处马其顿的阿波罗尼亚。他本应在那里发挥聪明才智，等待舅爷爷发动对帕提亚帝国的战争。众多军团在马其顿整装待发。据称，接到恺撒死讯的时候，屋大维的同行人员很可能向他建议立刻将军队收归己有。诚然，这个建议提得正当其时，但是对于这个年轻人来说，至少在当时的情况下，做出这一决定为时过早。他尚未获知遗嘱中的指令，直至回意大利的路上，他才接到指令。他随即做出决定，要成为舅爷爷在政治上的继承人。这是舅爷爷留给他的指示，他理解了这一点。

恺撒最亲密的顾问前来见他。在布仑地苏门（今布林迪西）为帕提亚战役集结的军队很有可能热切万分地迎接了他。这样一来，屋大维的实力得以增强，于是主动迈出了其政治生涯中的第一步。他动用了一部分为帕提亚战争准备的资金，还征收了亚细亚行省的岁贡——不具备合法性，也没有官方的授命。他在写《功业录》的时候说他个人决定并凭借私人资金组建了军队，是为了解放这个被小团体操控的国家。这其实只是部分事实，获得那位握有军权的逝者的政治地位是他的个人决定；但如果只动用个人资产，他的行动势必迅速失败。

利用这些资金，屋大维厉兵秣马，做了充分的准备。因此，他在返回罗马途中获得了驻守在坎帕尼亚的恺撒旧部的支持。公元前44年5月6日，屋大维抵达罗马后立即继承了恺撒的遗产，包括恺撒的名字。他将自己命名为盖乌斯·尤利乌斯·恺撒，也从未使用过那个在他看来带有领养意味的别名——屋大维安努，因为这会让他想起自己低微的出身。

恺撒被刺后，政治局势尚不明朗。然而在公元前44年3月17日，所有刺杀恺撒的参与者都得到了赦免，由恺撒决定的嘉奖也都得到确认。比屋大维年长近20岁的马克·安东尼联合格奈乌斯·多拉贝拉，行使执政官的职权。很快，通过在恺撒葬礼上的煽动性讲话和舆论宣传，他成功地将恺撒的刺杀者驱逐出罗马城。尽管如此，想要理所当然地成为恺撒追随者们的领袖，对他来说还是毫无希望的。这种结果是他长期以来在不同的政治团体间讳莫如深的暗中操作所造成的。他失去了平民和老兵的支持，在一部分恺撒追随者那里也是如此。原因是，他起初试图违背罗马大多数居民的意愿，将恺撒划入诸神之列。此外，他制定了相关法律，将意大利北部的山南高卢、长发高卢等恺撒征服的高卢地区转到自己名下，这充分表明了他意欲提升自身政治地位的野心。同时，这也引发了他与恺撒追随者的冲突。安东尼恐怕未曾料到，这件事会为屋大维——他长期的、主要的对手——进入政坛提供便利。

在罗马城，这位"小恺撒"迅速获得了支

持。一方面，他公开表明，要向杀害他养父的凶手们复仇。罗马城所有社会团体都要求他这样做，因为他们将这种"儿子的爱"（孝）视为一种义务。同样被视为义务的是按照恺撒遗愿，向罗马部分居民每人发放300赛斯特斯；但安东尼没有履行这一义务，也正是这一疏忽造成了他的劣势。同样，在公元前44年7月底举行的纪念恺撒胜利的竞技庆典也是屋大维主持的，因为被指派的祭司对此事非常消极。举行祭典时出现了彗星（恺撒彗星），这被视作被害者神化的象征，并加以政治宣传，附在恺撒所有的雕像上。与此同时，屋大维也有意识地与一些温和派的恺撒追随者联合起来，并与一些共和国的支持者建立了联系。虽然安东尼试图对这个"小子"（他这样轻蔑地称呼屋大维）的从政之路进行阻碍，但这种阻碍是十分有限的。总之，他向罗马的第一次进军还是失败了。公元前44年的晚秋，屋大维在来自坎帕尼亚的老兵们的陪同下接管了罗马。这些忠于恺撒的战士们还不想与其他恺撒的追随者开战，然而安东尼已经感受到当前的危机四伏，于是决定离开罗马。他召集了驻扎在布仑地苏门的四个军团，以在时任总督德西摩斯·布鲁图斯·阿尔比努斯卸任之前接管高卢的两个行省。然而，两个真正属于安东尼的军团却背叛了他，归顺了屋大维，毕竟从后者那里得到的金钱奖赏比听从时任执政官的命令更有吸引力。安东尼从罗马的撤离更像是一场逃亡。

到现在为止，屋大维还只能以恺撒儿子的身份或履行合法义务的名义做事，尚不拥有任何能够让他合法行动的正式职位。然而，新的政治形势使他在不满20岁的时候便获得了他渴求的行动空间。在62岁的执政官西塞罗的带领下，尽管大多数成员都倾向于"恺撒式"的制度，但元老院还是确定了共和国式的发展方向。这一方向之所以成为可能，是因为安东尼的强权政治令很多恺撒的支持者感到恐惧。元老院多数派可以做决定，但不能控制军队，用以对抗安东尼。这便是屋大维抓住的机会。表面看来，他似乎忘记了给恺撒复仇的责任。因此，杀父之仇并没有成为他做这件事的阻碍。有一段时间，他甚至还与恺撒的谋杀者联合起来，这一联合正是西塞罗促成的。屋大维命他的军队听从元老院多数派的指令，作为回报，他得到了元老院的正式任命。这样，他在从未担任任何职务的情况下被元老院接纳，并得以进入领导者（即从前的执政官）行列来表达看法。此外，他还获得了军权（imperium），从而可以对安东尼发起进攻。公元前43年1月7日，他第一次接过了象征君权和兵权的"束棒"（fasces）[1]，并通过后来的一次祭祀将这一天作为一个意义深远的开端。除此之外，元老院还批准了屋大维许诺给士兵们的金钱奖励。但这位恺撒之子究竟是如何让军队理解这一表面上的政治转向的，我们无从知晓；但他必定是做到了，因为军队自此开始听从他的指挥。

屋大维和他的军队向北意大利的穆提那开拔，安东尼和德西摩斯·布鲁图斯·阿尔比努斯驻守在那里。公元前43年的两位拥护恺撒的执政官——希尔提乌斯和潘萨也一同前往此地。安东尼在4月21日穆提那城下的关键一役中败北，两位执政官也最终战死。屋大维理所当然

_____

① 古罗马权力和威信的标志。

地接管了他们的全部队伍，因而拥有了前所未有的强大军权。但这并不是具有决定性意义的事件，因为政治权力格局瞬息万变。

一方面，元老院多数派在此期间承认了两位刺杀恺撒的主谋马库斯·布鲁图斯和卡西乌斯在叙利亚和马其顿行省"自作主张"（据奥古斯都后来的描述）形成的领导势力。这样一来，屋大维在元老院获得的军事地位就失去了意义。有人甚至不加掩饰地说，可以让他"靠边站"了。另一方面，安东尼在从北意大利逃往高卢的那个夏天很可能又拉拢了西部地区的一些总督：阿西纽斯·波利奥、穆那提乌斯·普兰库斯和埃米利乌斯·雷必达。这些人将为恺撒复仇视为共同的政治目标，达成目标的前提是恺撒追随者之间的团结。如果想在政治舞台上继续扮演重要角色的话，屋大维很清楚他应该在意识形态和强权政治层面上站在哪一边。然而，他还是试图先提高自身地位。由于两位执政官都已去世，受他们指挥的军队撤回罗马城，军队的百夫长们组成代表团，要求元老院像早先许诺的那样向他们的指挥官支付执政任期的薪酬，给士兵们支付报酬。由于误判了当下的权力形势，元老院拒绝了他们的要求，因此，屋大维再次班师回朝，这次他成功了。同叔父昆图斯·佩迪乌斯一起，屋大维在公元前43年8月19日被民众（他在《功业录》中强调）选为执政官。事实上，民众没有任何其他选择，因为这一次百夫长们不是独自出现的，而是与军团站在了一起。随后，一个针对恺撒谋杀者的特殊法庭通过一条法律得以设立，由此，屋大维以具体的法律形式履行了他在政治宣传中提到的为恺撒复仇的义务。此外，恺撒在遗嘱中对老部下的许诺也得到了兑现，他们从国库中拿到

图 2　安卡拉神殿中的奥古斯都功业录，此为拉丁语版本的开头

了钱。对于屋大维来说，当下的威胁来自北方聚集在安东尼周围的恺撒追随者联盟。出于智慧和远见，屋大维再次回绝了将安东尼及其追随者宣布为国家敌人的提议。这一步妙棋让屋大维在接下来的谈判中游刃有余。

第四章　合法的专制

公元前 43 年 10 月，安东尼、屋大维和雷必达在博洛尼亚附近会面，共同探讨政治未来。向恺撒的谋杀者复仇与巩固自身权力地位是最重要的目的。他们并没有确定要组建一个新的政治团体，然而根据他们为自己选择的头衔——三位复兴共和国的执政官（tresviri rei publicae constituendae）可以猜测，他们确有这样的想法。与此前恺撒、克拉苏和庞培之间纯粹的私人协定不同，这次的同盟是通过公民大会官方缔结的。为了获得官方合法性，这几位统治者的地位不能超越共和国时期的领导者们，不过这没有威胁到他们的利益。11 月 27 日，通过公民决议，他们获得了职位与头衔。任期虽被限制为 5 年，但就本质而言几乎是没有时限的。他们想由个人决定的事情都具有法律效力，没有任何人能通过法律渠道对其加以阻拦。反对他们的方式仅剩下暴力反抗，也不再有什么好的变化值得期待。

对三头同盟来说，"向好的变化"并不在考虑之中。他们瓜分了帝国的西部地区：雷必达得到了纳博讷高卢和西班牙，屋大维得到了西西里岛、撒丁岛和阿非利加，安东尼则依照之前公民大会的决定，保住了山南高卢和长发高卢。这样一来，他就拥有了最强的军事实力，屋大维则成了最弱的一方。因为只要格奈乌斯·庞培那幸存下来的儿子·塞克斯图斯·庞培继续控制海军、掌握海权，他那两个岛就没什么用了。而且，这位恺撒之子还得先征服阿非利加。

安东尼和屋大维需要一起对付恺撒的谋杀者们。为此，他们首先需要拿到用来动员军队的资金，确保反对者们不会在其背后获得权力。苏拉，公元前 88 年内战中引领罗马政治走向的人，同时也是放逐制度的首创者。三巨头效仿了苏拉的残酷模式，宣布放逐政敌，剥夺他们的公民权，人人得而诛之；为了激发人们对"猎杀政敌"的兴趣，他们发布了悬赏。被杀者的财产被征收和变卖，收益归三巨头所有。约 300 位元老院议员和 2000 名骑士被列入放逐者名单。据说，屋大维曾有一段时间反对该行动，尤其是安东尼怀着深仇大恨追杀西塞罗时，屋大维曾试图解救他，但最终没有成功。不过，就算屋大维在西塞罗这件事上表示了反对，但从原则上来说，让他接受这一残酷的政策也几乎不需要任何胁迫。在接下来的几年里，他为自己的残忍行径提供了充足的例证。直到很久之后，他养父的宽厚，所谓的"恺撒仁慈"（ Clementia Caesaris ），才被他奉为政治美德。

放逐政策导致议会领导层人员以骇人的速度骤减。元老院中很多共和派的核心成员被彻底除名。以这种方式导致的领导层空缺，使三巨头可以用自己的人填补上。在地方议会（市议会），他们也通过谋杀富有的成员的方式取得类似效果。军队中，三巨头的忠诚拥护者占了多数，他们同时得到了更多的财产。连同其他举措，这一政策引发了深层的人事变动，正如罗纳德·塞姆（Ronald Syme）所说，这是一场未曾引发罗马社会结构剧烈变动的革命。然而，它的结果是政治忠诚的激进转向，首先便意味着共和制传统的丧失。沿用至今的政治制度失去了有效性，新制度便会取而代之。这样一来，即将到来的奥古斯都式统治就具备了条件。

然而，放逐却没有带来期待中的财政收益。甚至在意大利本土，人们都要被迫上缴更多的特别税，用以支持内战。在东部，布鲁图斯和卡西乌斯也通过压榨臣民获得了相应的资金，组建了 19 个军团。当地的王国也加入其中。他们将兵力集中到马其顿，安东尼和屋大维的 28 个军团正乘船前往那里。因为共和派的海军占据着亚得里亚海，阻断了马其顿通向意大利本土的海路，他们需要尽快决定究竟在哪一侧停靠。

公元前 42 年 10 月，"在腓立比重逢"① 的

---

① 参见莎士比亚《裘力斯·恺撒》。恺撒变成鬼去见布鲁图斯，对他说"我们将在腓立比再见"，这预示着将在腓立比向他复仇。

日子到来了。恺撒谋杀者的队伍和三巨头交锋了两次；在这两次战役中，真正的胜利者都是安东尼。他在后来的辩论中称屋大维是胆小鬼，面对敌人的时候躲了起来。确实，这样的军事决策对他来说压力过大。此后，他将军队的实际指挥权交给了如马尔库斯·阿格里帕这样更有经验且意志更坚定的人。10月23日是政坛发生决定性变化的日子，共和派人士不再有军队和领导者了；布鲁图斯和卡西乌斯死了，根据苏维托尼乌斯的描述，布鲁图斯的头颅被悬挂在了罗马城。现在，罗马世界可以被重新划分了。

安东尼因其在高卢的统治权而保有强大的政治地位，他首先应当维持东部地区的稳定，并筹集支付给老兵们的报酬，这件事似乎是不难做到的。屋大维则需要做一项费力不讨好的工作。他要按照安东尼的意思，把西班牙行省划成自己的势力大本营，从而削弱雷必达的实力。然而，这位"小恺撒"的首要任务是安顿老兵，他们在腓立比战役之前曾得到许诺，可以在内战结束后解甲归田；另外，共和国的士兵们也不能继续被视为潜在的军事力量了。此时，几乎只能将他们安顿在意大利本土，也就是罗马公民的土地上，而不能在广阔的、土地更充裕的其他行省。在意大利已经没有国有土地了，要想腾出地方，唯一可能的途径就是征收土地。然而，这需要付出高昂的政治代价，因为那些从自己的家园被驱赶出去的居民将会投靠施暴者的反对者。这一点屋大维必定也看到了。最后他还是接受了这个任务，而这件事，至少从历史的角度来看，为他最终的胜利奠定了基础。因为通过这样的方式，他为自己建立了广泛的"客户群体"，并借此在罗马权力的中心——意大利，获得了远强于此前的存在感。

重新安置老兵涉及至少18个意大利城市；一些城市驱逐了原有的全部居民，另一些城市则需要出让部分领地，愤怒的呼喊响彻整个意大利。只有少数人是例外，比如维吉尔，他得以将父亲留下的家产保存在曼托瓦，并在一首田园诗里表达了得以幸免的感激之情，赞美屋大维是神一样的存在；然而，这些城市的大部分居民都在咒骂他，但终归无法阻止安置老兵的进程。

这件事对屋大维最直接的影响就是给他带来了生命威胁。因为那些被剥夺了产业的居民找到了他们的头领：卢基乌斯·安东尼——另一位巨头的弟弟。这件事和他的哥哥到底有没有关系，如今我们不得而知。总之，他在意大利成功地建立起反屋大维的联盟，并得到了元老院的多数支持。对他们来说，危险的人不再是活跃在东部地区的马克·安东尼，而是屋大维，即使是恺撒的支持者都能看出他行为的肆无忌惮。人们甚至尝试将三头同盟指控为违法，从而废除这一联盟，并将屋大维指控为国家敌人。然而，这样一来便会威胁到老部将们的财产安全，以及在役士兵的未来前景，因为他们的权利与三巨头的政治地位密切相连。因此，屋大维最终凭借强大的军事实力战胜了政治赌徒卢基乌斯·安东尼。卢基乌斯·安东尼和他的追随者们（包括很多元老院议员）盘踞在伊特鲁里亚和翁布里亚之间城防坚固的贝鲁西亚（佩鲁贾），但在公元前40年年初还是不得不投降了。考虑到他那据守东部的势力强大的哥哥，屋大维放过了卢基乌斯，但是处决了贝鲁西亚无数的居民，在处决的这些人当中，数量最多的是罗马议员和骑士。据称，其中三百人于3月15日这天，即恺撒遇刺的日子，在贝鲁西亚的城墙前、神化的（尤利乌斯）恺撒祭坛前被残忍杀害。对这一行为的诅咒长期伴随着屋大维。奥古斯都时代的诗人普罗佩提乌斯的诗歌和其他很多资料都有对死者的悲叹与对三巨头的控诉。

即使从短期来看，屋大维的胜利也未能让他感到轻松。因为很多被屋大维在贝鲁西亚豁免无罪的安东尼的追随者冲向了东方，去鼓动这位巨头攻占意大利。叙利亚和小亚细亚的帕提亚人取得了对安东尼具有威胁性的胜利，安东尼却在此时转向西方。在那里，他的政治地位似乎受到了更大的威胁，因为屋大维在意大利的行事态度就仿佛那里是他自己的势力范围似的。这给了安东尼一个机会，即与控制着地中海西部地区的塞克斯图斯·庞培合作，一起干掉屋大维。一个"恺撒支持者"几乎与一位"共和党派人士"建立了联盟——可见政治利益是高于一切的。然而，对于盟友的无情无义，屋大维并不在乎。为了保全自己，他也尝试与另一阵营联手，并在公元前40年与司克里波尼娅结婚，她是屋大维的支持者司克里波尼乌斯·利波的女儿，也曾是塞克斯图斯·庞培的妻子。从仅维持了一年的婚姻中，屋大维获得了他唯一的孩子——女儿尤莉娅。她在未来扮演了十分重要的角色，但其人生遭遇却是非常悲惨的。

安东尼带着兵强马壮的军队来到了意大利，却没有和屋大维发生军事对峙，尽管他被围困于敌军占领的布仑地苏门地区。然而，这些以忠于恺撒为主要使命的军团，尤其是大部分百夫长再次拒绝了军事对抗。基于与士兵之间的紧密联系，这些百夫长获得了重要的政治地位。这样一来，这两位当权者不得不联合起来。公元前40年秋天，双方达成了《布仑地苏门协议》，总体来看，签订这个协议对屋大维来说是一次巨大的成功。因为除了雷必达所控制的阿非利加地区，所有西部省份都归他所有了，安东尼分得了他之前占有的东部地区。意大利则为所有人共有，尤其是在征兵的时候，这在协议中做了特别声明。由此可以看出，安东尼大概已经意识到其中的利害关系。然而，只有屋大维留在了意大利，安东尼要回到东部去，所以这一协定对他来说并没有什么帮助。以一种典型的方式，协定在一场婚礼的见证下被签订：屋大维的姐姐和新近成为鳏夫的安东尼举行了盛大的婚礼。她的未来，以及她的孩子们的未来，都和弟弟的政治前途紧紧联系在一起。很难说她到底是屋大维与安东尼之间冲突的受害者，还是在其中发挥了建设性作用。

第五章　成为合法领袖之路

　　意大利的和平并没有因为《布仑地苏门协议》的签订而到来，尽管诗人维吉尔曾在他的第四首田园诗中宣称，这一协定标志着黄金时代的开启。海洋的统治者塞克斯图斯·庞培对意大利本土产生了威胁，并封锁了粮食运输的通道。他自称"尼普顿之子"①，这一称号是名副其实的。除了罗马城的居民，意大利其他地区也受到了影响。对屋大维来说，与对手达成协议的压力日益增大，这致使他在公元前 39 年被迫签订了《米赛诺条约》，并不得不将庞培视为同场竞技的玩家。依照协定，撒丁岛、科西嘉

————————

　　①　尼普顿是古罗马的海神。

岛、西西里岛和伯罗奔尼撒半岛都被划为他的势力范围。庞培还得到保证，将于公元前35年就任执政官，这是实现国内和平与稳定的关键。作为回报，庞培解除了对意大利的封锁，取消了舰队的进攻命令，老百姓终于有充足的时间来侍弄庄稼了。条约中还有对庞培支持者的安排。他们中有些人是在放逐中侥幸逃脱的，有些是在内战中投靠了庞培的，现在终于可以回家或是重新打理自己的政治事业了。其中一位支持者是提·克劳迪·尼禄，他来自一个古老的贵族家庭，娶了莉薇娅·杜路希拉为妻。这位妻子本身也来自克劳迪家族的一个分支：公元前91年，她的祖父 M. 李维乌斯·德鲁苏斯曾为意大利人融入罗马的政治统治而尽心竭力。① 莉薇娅拥有强大的政治约束力，这得益于当时人们对罗马核心家族的王朝谱系传承的普遍认可。屋大维自是没有忽略她的能力，因为克劳迪·尼禄刚一回到罗马，便试图从他那里将这位元老之女占为己有。光从政治角度不能完全解释屋大维为什么如此急切地娶她为妻，

---

① 指同盟者战争。

最主要的驱动力是他狂热地爱上了这个女人。她那时正怀着现任丈夫的第二个孩子，按照通常的礼法，她已经不能再下嫁他人了。然而不出所料，屋大维获得了来自祭司团的特殊许可，并在公元前38年1月17日与莉薇娅成婚。三个月之后，她的儿子德鲁苏斯出生了，此时她的第一个儿子提贝里乌斯已经四岁了。在父亲去世后，这两个儿子被送到屋大维家，尼禄在遗嘱中将屋大维指定为他们的监护人。他也许感觉到已经没有什么比与这位当权者建立紧密联系更能对他们未来的政治生涯有所助益了。但他一定想不到的是，他的大儿子会在52年后成为罗马的统治者。这条路对于屋大维——未来的奥古斯都来说是漫长的，同时也是荣耀和充满屈辱的。

这场婚姻巩固了屋大维在旧贵族中的地位，但是没能阻止他摆脱《米赛诺条约》的束缚。庞培的势力不减，现在他的地位又得到了官方认可，这对屋大维的限制太大了。毕竟，和偏居东部的安东尼不同，庞培这个"盟友"和他离得太近了。因此，公元前38年，屋大维开始尝试压制他。庞培的舰队中有一位领导者把科西嘉岛和撒丁岛交到了屋大维手上，但想在短时间内把庞培解决掉还是很不容易的，安东尼也不想看到他被消灭；他的存在对另一位野心勃勃的盟友来说是个有力的阻碍。因此，屋大维既要努力增强用来作战的舰队的实力，也需要获得安东尼的认可和帮助。这支舰队由阿格里帕组建，为迎接新式海战做准备，而安东尼是在东部面临困境时获得支持的。虽然帕提亚人的进犯已被平息，但在公元前53年，罗马军团在执政官克拉苏的率领下，在卡莱遭受了毁灭性打击，但对敌人的报复尚未到来。为了兑现复兴罗马的诺言，安东尼不能让公众等得太久。此外，他可能已经受到埃及女王克利奥帕特拉的鼓动，试图将势力范围拓展到现有的东部边界之外。这也曾经是恺撒的目标，而要实现这个愿望，安东尼需要经验丰富的军队来助力，但只有在屋大维实际控制的意大利本土才能获得这些军队。两人都想从对方那里得到一些重要的东西，因此谈判很难进行下去；最终还是得益于屋大维的谈判技巧，二人的利益才得以均衡。在南意大利的海滨城市塔兰托，安东尼与屋大维再次见面，并重新确立了关系。同时，他们还要共同规划三头同盟的未来；这一同盟最终瓦解于公元前38年12月31日。

公元前37年9月，三头同盟决定续约5年。但这次续约起始于公元前37年1月1日还是公元前36年1月1日，我们已无从得知，而且这对于实际的权力关系也是无足轻重的。但是，为了理解三巨头的法律地位和他们对国家机构的态度，准确了解他们之间的协议是很重要的。遗憾的是，现有史料不能满足我们的需求。更多的人倾向于将公元前37年视为这次合约的起点。更重要的是，屋大维是经公民大会正式批准此次续约的，因此他自称为"第二任的三头执政官"（triumvir rei publicae constituendae iterum）。借此，他希望向公众特别是元老院表明，他是多么地尊重法律规范，他是共和国的一分子，而非他们的统治者。安东尼没有在乎这些细节，而作为最初的三头同盟之一的雷必达，在此次续约中却完全失去了影响力。

按照协约中互相提供军事支持的规定，安

东尼派出 120 艘舰艇来协助屋大维对抗塞克斯图斯·庞培；相应的，屋大维也该派出两万人支援安东尼对帕提亚的战争。舰队很快就派来了，但屋大维的军队却只向对方派出了约定人数的 1/10，这是一个蓄意挑衅行为。在塔兰托的友好会面是屋大维与安东尼之间最后一次面对面接触。六年之后他们才再次相遇，即在阿克提姆的兵戎相见，这也成为安东尼一生的句点。

然而，在那之前，这位"小恺撒"的首要任务是消灭塞克斯图斯·庞培，这意味着内战将会继续。后来，奥古斯都在他的《功业录》中将这次内战粉饰成剿灭海盗之战。然而在公元前 36 年，没有人是这么看待这次战争的。屋大维将他的陆军和舰队都集中到西西里，雷必达也将他的军团从阿非利加调来，这是他最后一次为夺取统治地位而努力。经历了几次连屋大维本人都陷入生命危险的挫败之后，阿格里帕终于率领舰队在西西里北方的米拉佐（公元前 36 年 8 月）和纳洛丘斯（公元前 36 年 9 月 3 日）对庞培予以致命打击，他再也无法支撑下去了。随后，他率领余下的舰队前往东方，在那里给安东尼带来了一段时间的麻烦。公元前35年，庞培落入安东尼手中，最终在米利都被处决。庞培的一部分陆军于西西里岛投奔了屋大维，另一部分则投奔了雷必达。这件事让雷必达自命不凡，并想接管西西里岛。然而，他高估了自己的能力，又低估了对手左右军队的技能。自公元前44年5月开始，屋大维就多次展现了他影响大规模人群的能力；大多数情况下，这种影响力都是和金钱的许诺直接相关的，也正是这种许诺让对方将士反水变成了一件轻而易举的事情。眼下，这件事又发生了。雷必达的军队倒戈了，而长久以来名存实亡的三头同盟也终于走到土崩瓦解的一刻。他的命虽然保住了，但是不得不放弃三巨头之一的地位，并被囚禁在位于罗马和那不勒斯两地中间的齐尔切奥峰的一座别墅里。到公元前12年他去世之时，唯有最高祭司的头衔还是属于他的。借此，屋大维意图再次展现他对罗马传统的尊重。依照传统，祭司是终身制的，即使是仇敌也须同等对待。雷必达退位之后，三头同盟已不复存在，这给了一些好事之人说三道四的口实，但除此之外，再也没人有能力阻拦屋大维前进的脚步了。

或许更重要的地方在于，屋大维是如何向意大利的居民们展现他对所有权以及旧有社会结构的尊重的。无数的奴隶曾投奔庞培，其中一些还加入了庞培的陆军和舰队。胜利者屋大维将被俘的三万名奴隶交由他们的主人处置，只有主人有权处罚他们，使之"失去价值"。只有六千名无法查明其主人身份的奴隶被公开处决了，他们被无情地钉在了十字架上。那些拥有自由之身的庞培的追随者，尤其是将领们，得到了屋大维的赦免。人们充分理解了他释放的信号，尤其是针对军队的那些。庞培战败后，退伍老兵们要求兑现许久以前承诺的好处，这些许诺，屋大维是无论如何都要兑现的。但是现在，他们需要去意大利本土之外的地方定居，如同在恺撒治下时一样。"意大利母亲"再也无法收容她所有流离失所的儿子了，而这意味着所有权的斗争将会长期延续。然而，明确传达给人们的信息必须是截然相反的：已经定居的人们不需要再为他们的财产担心，他们期盼的长治久安终于要实现了。诚然，要过上真正安稳的日子，他们还得再等上五十年。

屋大维回到了罗马城，这次回城被塑造成一次凯旋。根据官方的说法，这或许是因为他所战胜的是一群海盗。按照惯例，他没有直接越过神圣的城市边界，即城界（pomerium），而是先将元老院议员集结在城界之外。在这位胜利者正式宣布内战结束之后，元老院授予了他从数量到类型都超越常规的荣誉，从此刻开始，他便是西方唯一的霸主了。对于日后很重要的一点是，他被授予了护民官的"神圣不可侵犯权"（sacrosanctitas）。这是公职人员的权力之一，从名义上来说，拥有这一权力的官员当依据政治理论与实践，为广大民众的福祉负责。公元前23年以后，这一职权将为奥古斯都的权力建构提供坚实的法律基础。莉薇娅和屋大维娅也很快被纳入神圣不可侵犯权的保护范围，元老院和公民们有责任为屋大维和这两位女士提供特殊保护。若有人违反此项法规，便是与民众作对。这预示着，这个家族很快便会全权代表整个国家来彻底统治它。

当然，截至目前，他们还没能做到。帝国的东部还牢牢掌握在安东尼手中，他在意大利本土也有很多追随者，尤其是在元老院里。作为一个遥远的统治者，他不需要为人们政治生活的残酷艰辛和无能为力负责。对罗马城的公共生活影响最大的还是那位"小恺撒"。同样不怎么影响安东尼的还有人们私底下的怒气和沮丧情绪——尽管他想重新处理日常的政治事务。首先受到影响的是旧元老家族的成员们。其中，屋大维的反对者依然不在少数。理所当然的，屋大维增加了他的支持者在元老院中所占席位的比例，从意大利的多个城市选拔了很多人才，包括财务官、护民官、市政官以及裁判官等尚未进入元老院的下层官员，这些人是屋大维为他自己缔造的政坛支柱。安东尼鞭长莫及，对其影响力非常有限。唯有两位执政官，是自《布仑地苏门协议》签订以后，由两方权衡后确定下来的。即使用尽全力削弱对手的影响力，屋大维也对这两位执政官奈何不得。

安东尼也做了一些尝试，使这场竞赛对他

来说变得更简单。但人们应当记住，最终是胜利者屋大维直接或间接地影响了历史的记述。有关安东尼的行为及其追随者的很多信息只是部分真实的，甚至是全然虚构的。然而，安东尼的确给了屋大维充足且极具威胁性的理由，让他来反对自己。在屋大维战胜庞培的同时，安东尼在东部与帕提亚人的战役中遭受了重创，得到的只是屈辱的失败、灾难性的战力与军备损失，而非胜利的荣耀、失地的收复和战利品的收益。扩充军队和战备都需要时间，这同时也限制了他的反应能力。最重要的是，尽管他向罗马发送了战胜的消息来阻挡当下的直接伤害，但最终仍无法避免战败的舆论影响。在罗马城，人们甚至以庆祝感恩节的方式庆祝胜利。但时间一长，战败的事实便无法掩饰了。大将军的威名受到损害，随之而来的是威信的丧失。屋大维精心计算，在屋大维娅陪同下，只向安东尼派出了两千名军团士兵，而不是协议中说好的两万名，这使安东尼陷入了困境。派给他的士兵不足以弥补他的损失。此时，只有与他早有往来、已为他生下孩子的埃及女王克利奥帕特拉有条件通过她的国家资源帮助安东尼恢复战败前的军事实力。而当他把妻子屋大维娅带到东方时，便无法再期待女王给他任何帮助了。仅当前的军事形势就足以使他投奔有经济实力的女王了，更何况，他还受到女王深沉爱意的束缚。因此，他要求屋大维娅返回罗马城。这样一来，他便给屋大维娅的弟弟送来了一个更好地宣传意识形态的礼物：因为一个"东方的情妇"，这位罗马的女人、合法的妻子被退了回来。元老院里那些共和派的安东尼支持者几乎无法为此做出辩驳。更容易出现的情况是，在听到这种针对安东尼的引人入胜的故事时，单纯的大众很可能会被激怒。公元前34年，罗马军队征服了亚美尼亚，安东尼将其交由他与克利奥帕特拉的儿子亚历山大·赫利俄斯统治，而克利奥帕特拉本人则自封为"众王之女王"。这时，屋大维收集了足够的武器，用以在公共舆论中消灭他的对手——罗马的伟大与尊严的敌人。安东尼的行动是否有他自己的理由，对屋大维来说并不重要，他想从安东尼的举动中看到挑战的意味。如果说与恺撒的联系仍是维系其党羽的重要因素的话，那么公然宣称恺撒里昂是恺撒的亲生儿子，只能被视为安东尼最大的挑衅了。屋大维继承了那位已故独裁者的名字，并强调自己的出身：神之子（Divi filius）。但人人都知道，他是恺撒的养子，血缘关系无疑更有说服力。互相挑衅的一个好处是，二人都明白对方想一局定输赢的意愿正在滋长，唯一的问题在于谁先发出战争的信号。政治宣传的战争已经打响。

第六章　决战：阿克提姆与亚历山大港

公元前 33 年 1 月 1 日，屋大维重新登上执政官之位，召开了第一次元老院会议，并大肆批驳了安东尼在东部发布的命令，指控他出卖罗马。安东尼在亚美尼亚听到这个消息后，便取消了对帕提亚的进攻，因为他害怕屋大维会联合帝国以外的势力（诸如他与克利奥帕特拉共同联系的那些国王们）来对付他。他决定先下手为强，遂下令将陆军、海军、附庸国的军力，以及最为重要的托勒密王朝的军力全部调至小亚细亚西岸的以弗所。尽管根据《塔兰托条约》，两位统治者都有权在意大利本土自由招兵，屋大维却拒不承认安东尼的招兵份额。在权力决定一切的时候，协议又算什么呢？如果安东尼不甘心做一个虽有权力却只能偏居东部的统治者，而想在罗马城也拥有发言权，他就需要用武力来达到目的。

屋大维也早已开始为兵戎相见做准备，并将伊利里库姆用作练兵场，公元前35年到公元前33年，他的军队都在此训练。与此同时，他还展现和宣传自身的指挥才能。即使是受伤，也会被他变成一个"卖点"，因为这样便没人可以指责他是懦弱之人。过去，安东尼也做过很多这样的事。阿格里帕继续扩充海军，因为从战略位置来看，双方最终有可能在海上发生军事摩擦，但首要任务是避免敌军越过亚得里亚海。意大利本土不能再次沦为战场了。

安东尼早在公元前33年便集结了军队，但直到第二年，冲突才真正爆发。或许，安东尼曾希望通过政治宣传和军事手段来改善自己的处境。因为公元前32年1月，与安东尼关系最为密切的两位盟友——盖乌斯·索西乌斯和格奈乌斯·多米提乌斯·阿赫诺巴尔布斯——当上了执政官。此外，三巨头签订的协约在公元前 33 年底就要到期了。对身在千里之外的他来说，这件事本身的影响并不大；但是对他那身居罗马城、需要认真对待罗马公民做出的决定的对手来说就可能有些麻烦，这些麻烦并非不可克服，但也需要战术上的应对之策。这一点在公元前 32 年 1 月 1 日就显露端倪，盖乌斯·索西乌斯在元老院会议上对恺撒进行了猛烈攻击，在元老院里产生了广泛影响，导致屋大维不得不出面回击。第二次元老院集会时，他带领一群披坚执锐的拥护者走进会场。比起他对安东尼在东部出卖罗马的指控来说，这是一个更为明确的信号。屋大维直到下一次元老院会议召开时才真正拿出了指控安东尼的证据，但是，这两位名义上仍是罗马最高官员的执政官早已慌慌张张地逃离了罗马城。和他们相勾连的还有三百多位元老会议员，其中很多来自有着共和派渊源的名门世家。对他们来说，那位东方的当权者虽然独断专权的本事不比屋大维差，还和东方女王暧昧不清，但比起冷酷无情、行事保守的屋大维还是更容易忍受。他们见识了屋大维的冷酷无情与精于算计，对他既恐惧又鄙夷。安东尼与他们距离遥远，很多关于他的消息在人们看来只是一种夸张的政治宣传。一些"逃亡者"很快从幻梦中醒来，发现安东尼并不比屋大维更好。但是那个时候，他们已经改变了立场。

眼下，很多声名显赫的元老院议员投靠了安东尼，这极大地提高了他的声望。他可以组建自己的元老院，使自身地位更具合法性，其对手则会被看作共和制自由（元老院议员的自由）的阻挠者。在现代，有人将屋大维全副武装地出现在元老院的行为视为一场政变。这一判断不无问题，因为三头同盟在那时是否正式到期至今尚无定论。安东尼仍然自称三巨头之一，其地位的合法性并不比屋大维更强。何况，法律考量仅仅是双方政治斗争的工具罢了。人们只在适当的时候拿出来用用，真正发挥作用的只有权力。

得益于如此多的元老院议员投奔了安东尼，屋大维获得了指控安东尼的证据。这些议员来到东部，见到的不仅是安东尼，还有代表着希腊式王室辉煌的克利奥帕特拉，她跟随安东尼从以弗所去了雅典，并在这里促成了"她的男人"安东尼和屋大维娅的离婚。安东尼是否与这位埃及女王正式结婚，至今尚未确知。按照罗马关于婚姻有效性的规定，他需要得到来自雅典元老院的一份特殊许可，但这几乎是不可能的，因为安东尼身边的"罗马人"和女王之间的关系日益紧张。人们看到，克利奥帕特拉作为一个女人，也公开地对政治、军事问题的决策发挥影响。在某种程度上，屋大维的指控正具体体现在这位托勒密王朝的女人身上：埃及诸神已经对罗马的朱庇特发起进攻了。这对罗马意味着什么？对男人在政治上的地位意味着什么？情感与理性的考量在许多议员心中纠缠不清。安东尼并不想承认，这件事对他来说是多么危险，又在多大程度上增强了对手的实力。公元前32年秋天，跟随他近十年的穆纳提乌斯·普兰库斯和他的侄子马尔库斯·提图斯倒戈了。到了这个时候，安东尼才意识到他的处境有多么危急。但是，他没有正确看待当前的情形，或者说，他根本没有机会从这件事中吸取教训。现在胜券在握的人只能是屋大维了。

　　这两位叛逃者为屋大维带来了他急需的信息，他由此掌握了指控安东尼的确凿证据。穆纳提乌斯·普兰库斯作为见证人签署过安东尼的遗嘱，因此比较了解那份遗嘱的内容。他还知道，遗嘱的原件保存在维斯塔贞女①之家。安东尼在其中写道，他死后要在亚历山大港与克利奥帕特拉合葬。他和女王的孩子将成为那些被罗马军队征服的土地，即罗马领土的国王。自此，安东尼出卖罗马这件事似乎已经坐实，埋葬在亚历山大港的这个决定表明，他已经与自己的出身之地没有了关系。至少，屋大维和他的鼓吹者们是这样宣称的。这些证据是如此重要，以至于他忽视了贞女之家的不可侵犯性：强迫主贞女交出安东尼的遗嘱，随后在元老院公布了其中的一些内容。然而，除他本人以外，没有人读过这份遗嘱。凭借《紧急状态法》，打着"为了罗马"的旗号，尽管屋大维做出了人神共愤的可怕事情，但他的行为依然享有合法性。屋大维所传达的安东尼遗嘱的内容很有可能是真实的，对于他是否向元老院公开全部信

————————————

　　①　古罗马炉灶和家庭女神维斯塔的女祭司。

息，人们有理由表示怀疑，也应当怀疑。

现在，他终于可以光明正大地行动了。元老院收回了安东尼的一切权力，包括公元前 31 年授予他的执政官之位。但是，屋大维宣战的对象却是克利奥帕特拉，因为正是她的军队威胁着罗马城和意大利。安东尼迷恋这个女人，彻底沉沦于她的魔力，已经不再具有实际的决策能力了。这样一来，屋大维便从名义上避开了发动内战的罪名。早在击败庞培之后，屋大维便宣布要改变这一可怕的处境。但事实上，所有人都清楚，接下来的战争的性质与之前无异，真正重要的是增加并动员己方的支持者。奥古斯都在《功业录》中写道，整个意大利都在背后支持他，拥护他做战争的统帅（dux）。于是，他满足了罗马人民的意愿，和西方诸行省的居民一样，他们也宣誓效忠于他。然而，后来的事实表明，并不是所有的民众都自发自愿地效忠于他。为了达到"自愿"的效果，屋大维使用了一些手段。此外，成千上万的退役老兵生活在意大利诸城，从前的百夫长们有很多都在市议会任职，这些人都感激这位恺撒之子的照顾，愿意为他挺身而出。他们知道谁是反对派，对之施加恐吓，并在很大程度上压制了他们。对屋大维来说，现在到了为腓立比战役后那引起愤恨的退伍军人安置工作付出代价的时候了。困难已经足够多了。再者，除了忠诚和誓言以外，屋大维现在更需要的是钱。他强制意大利居民上缴他们年收入的 1/4，这件事导致一些地区爆发了骚乱。不过，那些地方有充足的兵力以供调配，他们足额收取了要求上缴的费用。

在罗马城，阿格里帕在公元前 33 年任市政官期间做了许多减轻大众生活负担的好事，从而提升了民众对恺撒拥护者的支持度。他兴建了两条大型水道——维尔戈水道和尤莉娅水道，并在城市各处修造了新的水井。清洁的饮用水、下水管道对卫生状况的改善以及向浴池供水等，对于城市生活的重要性不亚于有充足的粮食供应。屋大维便是以这样高明且高效的方式换来了人们对其政策的支持。对罗马城和意大利的担忧得到了有效的宣传，意大利和罗马城团结在一起，共同对抗敌人，阻止"一个堕落的罗马人帮助一个豢养着阉人、坐在幔帐中支配着奢靡东方的一切的蛮族女王在卡比托利欧山 [①] 建立统治的尝试"（Syme，Roman Revolution 289）。屋大维和罗马、意大利是密不可分的。因此，他从那时便开始在战神广场为自己修建雄伟的陵墓，这与在遗嘱中要求葬在亚历山大港的安东尼形成了鲜明的对比。对克利奥帕特拉宣战的立场也非常鲜明：被意大利选中的统帅，作为国务祭司，将带有仪式感的长矛掷向了罗马城中一块宣称是敌方领土的地区。传统再一次得到了尊重。

安东尼想让战争在意大利的土地上爆发，屋大维则必须阻止这件事的发生，他和阿格里帕在公元前 31 年将军队部署在亚得里亚海便是为此做打算。来自东方的陆军和舰队的主力集结在安布拉基亚湾附近，一小支派遣部队负责看护从南方运送来的补给。阿格里帕迅速击溃了这一小队兵力，补给供应自此中断。屋大维

---

① 卡比托利欧山（拉丁文为 Collis Capitolinus，意大利文为 Campidoglio）是意大利罗马的七座山丘之一，也是最高的一座，为罗马建城之初的宗教与政治中心，处于古罗马广场与战神广场之间。

从克基拉岛登陆，一路向南进发。安东尼和他的陆军及舰队很快便遭到围追堵截，靠陆军迫使交战发生在意大利的一切努力就此付诸东流。屋大维只需要用时间来消耗安东尼的力量就够了，叛逃很快就成了安东尼的日常。东部地区的一些国王，不甘受克利奥帕特拉的管制，此刻看到她权力渐衰，便做出了符合自身利益的决定：离开安东尼的队伍。来自罗马的埃及士兵的数量也在减少，尤其是在阿格里帕封锁了粮食供给的海路，以及酷暑引发了诸多疾病的情况下。到了8月，安东尼能够支配的军队已经不到出发时的一半了。然而，最打击安东尼自信心的事情莫过于长期以来他的重要支持者——多米提乌斯·阿赫诺巴尔布斯的倒戈。阿赫诺巴尔布斯深知，克利奥帕特拉堂而皇之地扮演战争统领的角色、积极地参与政治决策，会对安东尼造成极大的伤害。当他意识到安东尼不会再改变心意时，便彻底离开了他。一些议员跟着他一起离开了。对于这个赌注的结果，有的人更清醒，有的人则更绝望。在奥古斯都政权统治下，在阿克提姆战役中有没有为"正确的"一方而战，是十分重要的。奥古斯都本人在《功业录》里写道，当时有超过 700 名议员支持他，其中 83 位都做过罗马的最高执政官，约 170 位担任过罗马祭司团圣职。这两种身份只有占据领导地位的官员及其家人才能享有，因此，罗马社会政治领域的所有重要人物，究竟是如何爱国、如何衷心拥护领导者的，想必当时的屋大维是明了于心的。

在阿克提姆，安东尼的处境一天比一天艰难。如果再等下去，恐怕他的军力会弱到连自己都无法决定该在何时以及如何行动了。于是他决定为了逃跑而战。这听上去自相矛盾，实则是个非常理智的决定。其战舰上的主帆表明，他并不想在此时进行决战。在真实的战斗中，这些船帆只会阻碍作战，也就是说，他的实际目的是突围和逃跑。公元前 32 年 9 月 2 日，在执政官盖乌斯·索西乌斯和阿格里帕的指挥下，双方舰队对峙了很长一段时间。中午，交战终于开始，安东尼的舰队成了阿格里帕手中的牺牲品，阿格里帕用体量小但数量占优的船队将对手强大而笨拙的大船逼入窘境。阿克提姆海湾中等待自己舰队的克利奥帕特拉此刻意识到，突围不会按计划进行了，于是扬起船帆，逃离了正在奋战的舰队，安东尼也跟着她一起逃走了。至此，一切都已注定。军团也纷纷投降，但是，他们事先就已经谈好了条件，可以保全自身。战胜者的慷慨，使他在政治与军事上得到了回报。洛卡斯岛的阿波罗，后来被称为阿克提姆的阿波罗，战胜了埃及诸神。在琉洛库斯之战后饱受赞誉的帕拉蒂尼神庙，从现在开始被用来供奉这个神灵。在屋大维驻扎营地的地方，胜利之城那不勒斯建立起来；为了答谢尼普顿水神、玛尔斯战神和阿克提姆的阿波罗，屋大维建立了一座祭坛，作为战争的纪念碑。每四年举办一次的体育赛事，让人们能不断想起作为重要转折点的阿克提姆之战。

然而，安东尼和克利奥帕特拉在埃及又筹划了一次反击，让这件事有了简短的"续集"。公元前 30 年 8 月 1 日，安东尼在亚历山大港遭到屋大维队伍的袭击。他用剑刺穿了自己的身体，死在了克利奥帕特拉怀中。当胜利者企图将她也变成自己的战利品时，埃及女王则故意让蛇咬伤自己而避免被敌人抓住。连贺拉斯都在他的一首诗中提及了这一举动。屋大维失去了他最高贵的战利品，但这件事也许没有被他放在心上。他和他的军队及党羽是唯一的胜利者，且胜利的奖赏是整个帝国。他还为罗马和自己赢得了一个全新的、富庶的省份。克利奥帕特拉死后，整个托勒密王室的宝藏都归屋大维所有，加上埃及的财政收入和其他战利品，他的党羽也得到了出乎意料的丰厚奖赏，尤其是在三连胜之后，这位恺撒之子从 8 月 29 日起在罗马举行了持续三天的庆典：庆祝他在伊利里库姆、阿克提姆以及亚历山大港的胜利。这在罗马是史无前例的，并结束了罗马持续了 20 年的内战，这场内战始于恺撒横渡卢比孔河。苦难、仇恨和不安让人们疲惫不堪，许多曾经在政治上占有重要地位的家族瓦解了，新的家族又开始出现。对他们来说，共和国的传统不再是他们的生活经验，而变成了一些空洞的字眼。但是，将人们团结在一起的，是对和平的共同渴望，大部分人愿意为此付出高昂的代价。公元前 29 年，屋大维关闭了位于罗马城的雅努斯神庙①的大门，这标志着整个罗马帝国重获和平，同时也昭告着新时代的到来。

---

① 古罗马时期位于古罗马广场的神庙，两侧刻有门神雅努斯。神庙大门在平时关闭，只有发生战争时才会打开。

第七章　新的政治秩序：成为第一公民之路

希腊历史学家卡西乌斯·迪奥本人也是元老院议员，他撰写于3世纪初的历史著作中收录了两篇演讲，据说是公元前29年在屋大维面前发表的。据他的记载，这两位演讲者分别是：阿格里帕，战争的实际领导者，也是将屋大维送上至高无上的统治者宝座的人；梅塞纳斯，一位出身伊特拉斯坎贵族、受过高等教育的精明的政治家，然而他始终在政治舞台背后筹谋，既没有进入元老院，也未担任过裁判官，屋大维曾将一些重要且棘手的事务交由他处理。公元前31年到公元前29年，这位阿克提姆的胜利者在东部逗留期间，梅塞纳斯在罗马城和意大利担任其代理人。

按照卡西乌斯·迪奥的记载，他们在这两篇演讲中探讨了如何在内战后重建罗马的政治秩序。阿格里帕请求恢复共和秩序，这对屋大维来说意味着放弃他所获得的权力。与之相反，梅塞纳斯不仅立即主张实行公开的君主制，还详细地规划了一个覆盖全国的涉及议会、官员、军队、税收和司法的系统。这实际上是梅塞纳斯精心设计的一次涉及各个生活领域的影响深远的改革。

这两份演讲实际上从未发表。在当时，没人能够预想出如此深刻的结构改革方案，并在理论上进行提炼升华。但是，卡西乌斯·迪奥用这两篇演讲触及了一个核心问题，即在阿克提姆战役后的几年，屋大维一定同他信赖的同僚们激烈地讨论过政治形态问题，为的是将他自己及其拥护者的权力合法地握在手中。这些探讨的具体内容我们不得而知，因为它们都不是在公开场合进行的。在元老院甚至公民大会上公开探讨这些至关重要的问题的时代已经结束了，通常只有已经制定完成的方案才会被递交元老院表决。由此可知，屋大维和他信赖的同僚们商讨后提出的纲领性意见，最终导向了种种决策，这些决策便是内战胜利者得以长期稳定统治的基础。

两个基本点是明确且不可动摇的。第一，屋大维不打算交还他得到的权力。必须找到一种形式，确保他的权力处于核心位置。这也是恺撒支持者所希望的。毕竟，屋大维不是独自取胜的，和他一起获得胜利的人也想分一杯羹。第二，恺撒所开创的模式是不能考虑的，即彻底抛弃共和制传统，建立形式明确的君主制政体，刺杀恺撒这件事已经充分证明了这一点。当然，近年来，罗马社会尤其是其领导阶层遭受了诸多创伤之后，对于接受一位独裁者，比起公元前 44 年有了更充分的心理准备。尽管如此，还是没有人公开要求进行政治革命。

因此，屋大维和他的党羽做出的基本决定是，至少在名义上恢复旧有的共和制。在过去数年间，他本人也多次这样表示过。为了维护屋大维的权力，他们使用共和国后期发展出的法律工具来应对一些特殊情况，同时，使庞培、恺撒和克拉苏等人的野心在共和制框架下变得合理化。这样一来,"宪法"框架,即政治上可操作的范围,得到了极大的扩展。因为这些新事物被元老院和民众接受后,便成为罗马传统的一部分了。在很大程度上,"宪法"正是来源于这些不断扩张的传统。现在最重要的是选择一个正确的时机,让恢复共和制和巩固权力的行为显得自然且相得益彰。

屋大维在战胜安东尼之后的那段时间寻找这个合适的时机。人们称赞他为和平的开创者,这份荣誉彰显了他的非凡功绩。他的名字被写进了所有祭司的祷告和誓词,特别是写进了塞利祭司团(Salier)的颂歌中,这个祭司团可以追溯到罗慕路斯时代;他的生日和阿克提姆战役胜利之日被设为节日。在公民们私下庆祝的节日里,也要为屋大维的天才献祭。经历了长期中断后,"安康祈祷"(augurium salutis)活动重新开始举办:人们向众神祈求,赐予罗马人更多的安康(salus populi Romani)——众神在人间的代表就是屋大维。他被提升到超人的高度,这昭示着全体公民的存在都有赖于他一人。此时，他需要人们对他真心实意地信服，以和他的政治谋划一起发挥作用。

想要实现这一点，就需要改变之前的"乱局"。全罗马的庙宇和圣所被重新开启，并展开了全民人口普查。这时，距离上一次人口普查已经过去了40年。4063000名公民，这一数字是公元前63年普查数据的四倍多，彰显了罗马的实力。奥古斯都没有忘记在《功业录》里提及这一数字。内战期间，很多贵族家庭都消亡了，他们用自己的方式使罗马得以继续存在。因为只有贵族才能担任一些特定的神职，通过他们虔诚的仪式，众神才能施以仁慈，帝国上下所有民众的福祉才能得以保障。公元前30年，屋大维获得了授予新的贵族头衔的权力。在接下来的几年中，他行使了这一权力，其党羽所在家族纷纷成为新的贵族。最终，在公元前28年，屋大维宣布在三巨头时期违反法律规定实施的各项举措全部失效。尽管这一声明恰恰针对的是他本人的行为，但这不会削弱他的权力。相反，他行动的空间可能变得更大，因为他本人不再需要被之前的允诺和誓言所束缚。

这是复兴共和事业（res publica）的重要一步，屋大维在《功业录》第 34 节中强调了这一点，并于第六或第七个任期内实现。正如我们的主要信息来源卡西乌斯·迪奥指出的那样，这一目标的实现是一个长期的过程，不是一蹴而就的。最近公开面世的一个金币也显示，屋大维早在公元前 28 年他的第六个任期内，便将权力与法律（iura et leges）都交还给了罗马民众。这件事最重要的影响是，从现在起可以重新进行自由选举了，法院也可以在不受直接干预的情况下行使权力，这改变了当时的政治氛围。然而，具体是如何操作的，我们已经无从知晓。

最后的决定性行动发生在公元前 27 年 1 月。这件事远没有卡西乌斯·迪奥形容的那么富有戏剧性，更不像他记述的那样——屋大维彻底交出了他所有的权力。但确实，这一行为的影响是足够深刻的——屋大维交出了他对所有行省及其驻扎军团的全部且不受限制的指挥权，这是他实权的根基。

我们不知道当时屋大维在元老院里具体

做了怎样的演讲。无论是卡西乌斯·迪奥总结的，还是《功业录》里陈述的，都只是一半的事实。因为尽管他把国家还给了法定的"最高权力者"——元老院和人民手中，让他们重获决定权，但事实上，他们根本没有自由处理任何事务的权力，甚至连提案的权力都没有。更重要的是，交还了行省和军队指挥权的屋大维并没有变成一介平民，相反，作为执政官，他仍拥有帝国最高的立法权，因为他没有辞去公元前 27 年与马尔库斯·阿格里帕共同出任的执政官之位。此外，军团的士兵以及退伍老兵们依然对他忠心耿耿。在整个帝国中，受他照拂的"客户"数量众多，此外，已经没有人能在经济实力上和他匹敌了。这意味着，他在政治和社会的各个层面都握有大权。元老院议员们对此十分清楚。最重要的是，所有人都明白或是预感到，他无意随便放弃权力。一些人对此心知肚明。屋大维在元老院做完演讲之后，议员们开始讨论。他们发挥作用的时候到了。这位恺撒之子为罗马人民立下的功劳是无可争议的。因为他，和平才得以到来。人们将他的名字视为国泰民安的保证，写进了对诸神的祷告词中。为了罗马，神明会护佑屋大维。那么现在，他会置罗马人民（Populus Romanus）于不顾吗？会任由骚乱再次爆发吗？在一些边境省份，安宁尚未降临，与帕提亚人的关系依然甚是紧张。他不能逃避这份紧要的责任，必须为全体罗马人坚守阵地，最好是像之前那样，获得全面的成功。

然而，屋大维能够拒绝也必须拒绝承担这份责任，否则，交还权力的全部意义就不存在了。不过，他还是一步一步地促使自己重新担起了重任。最终，他宣布将去平定那些尚未获得和平的省份：西班牙、高卢、叙利亚、西西里，当然还有埃及。雅努斯神庙的大门已经关闭了，但这些省份对帝国来说意义重大，必须收复。公元前55年，恺撒、庞培和克拉苏三位巨头最先划入帝国领土的三大地区是西班牙、高卢和叙利亚。这一选择并非偶然。如今，这三个地区以及其他地方的领土都将归于一人，屋大维正在一步一步地实现一统天下的目标，这一局面变得越发清晰了。即便如此，合法且终身掌握无可非议的大权的目标，此时还未实现。因此，屋大维只同意在有限时间内持有这些省份的控制权，以十年为期。其间，他将努力使这些地区恢复和平；若是有哪个地方提前实现了和平，他便会提前交出对该地的控制权——他是这样保证的。当然，这一决定涉及的不仅是这些省份，还有驻扎在当地的军团。这些军团虽然不是罗马帝国武装力量的全部，但是占了其中的大部分。其他军团驻守在伊利里库姆、马其顿、潘菲利亚和阿非利加，这些省份（被称作罗马人的行省）不归屋大维管制，但此地大部分军团由他统领。这也是他推行强权政治的重要目标。对他来说，想完成这些任务，并不需要获得其他职权。他本人是执政官，仅凭这一身份便可领导这些行省并指挥驻扎在当地的军团。对于合法化和巩固他个人的权力，既简单又有效。这并非他首创的，早在公元前55年，庞培作为执政官就未曾离开罗马城和意大利而治理所有的西班牙行省。他派遣一些议员前往那里，作为代理和特使，在当地处理具体事务。屋大维完全照搬了他这套做法，将这些行省的行政权交给了元老院。

相比屋大维原来的权位，如今的这种权力分配方式表面看来似乎是对其力量的削弱。然而事实上，比起"失去"的，他得到的更多。因为现在的他可以正当地要求（元老院甚至敦促着他）接受这些国家事务。构成屋大维权力地位根基的不再是始于混乱时代的、难以掌控的"全体决议"（consensus universorum），而是元老院的正式决议以及执政官制度。奥古斯都在《功业录》里宣称，从那时起，他的威望便超过了所有人，然而他的职权却不比和他共同执政的官员们更大。这样一来，他的所作所为便合法了。但他没有提到的是，其威望背后有着怎样坚实的基础：对各省及其驻扎军团的指挥权、无可匹敌的财政资源及庞大的仰仗他庇护的"客户"群。在罗马城，罗马禁卫军是屋大维的私人保镖，供他随时调遣。屋大维收回行省和军队的统治权以后，元老院下达的第一个命令便是将禁卫军的饷银翻倍。他们的忠诚对屋大维来说生死攸关。由此可见，威望这个词虽然听上去无害，似乎没那么重要，但其背后的实权却是不能忽视的。不过，对于在意识形态层面掩饰自己的独裁意图，他做得相当出色。尽管和他自己的表述有所不同，但从官方角度来说，屋大维确实有着独一无二的地位。因为一方面，他是执政官，可以从政策上领导元老院和公民大会；另一方面，帝国的行省都隶属于他，任何高级官员都没有有与之匹敌的地位。

　　这一套创立于公元前 28 年～公元前 27 年的政治和法律秩序被元老院看作"共和国的重建"。然而，这一说辞之所以能在一定程度上

图 3　赛斯特斯，约公元前 16 年或公元前 15 年，写有 ob civis (sic) servatos 并画有槲叶环（corona civica）

得到认可，仅仅归功于之前数十年的内战以及三巨头时期独裁制度受法律保护的背景。重建过去那个政治上自由的元老院是不可能了，权贵家族为实现其利益追求而在公民大会上进行全面竞争，这样的场面也不会再出现了。不过，人们还是可以看到恢复旧制的一线希望、重获自由的一丝曙光。

为了感谢这个给他们带来一丝虚幻光亮的人，元老院和罗马民众必须找到一些前所未有的方式。他被授予一块金质荣誉盾牌，并将其悬挂在元老院大厅里。上面写着他的四种美德：勇气、正义、仁慈、虔诚（见第一章）。元老院声称，这四种美德在屋大维身上得到了完美的体现，彰显其优秀品质的事例不胜枚举。他为恺撒报了仇，在阿克提姆战役后宽恕了许多对手，虽然没有人强迫他这样做。然而，有些人对这一完美的形象心存疑虑。同样遭人质疑的还有授予他公民冠冕一事，即槲叶环（corona civica），这是一份颁给救罗马人民于水火的公民的荣誉：献给拯救罗马人民的人（ob cives servatos）。由于拯救了罗马人民，他的头像被印在了硬币上。不过，自然并非所有人都忘记了过去，人们记得征服帕提亚之后残忍的屠杀，还有除此以外的许多事情。

长远来看，比这项荣誉和其他荣誉都重要的是元老院授予了他一个新的称号：奥古斯都。这一称号通常被译为"高尚之人"。在这件事上，元老院没有立刻做出决定，屋大维身边的人们左思右想，到底选哪种称号能使他显得与众不同。长期以来，屋大维都偏爱罗慕路斯，希望通过重建国家秩序成为罗马的再造者。但是，罗慕路斯的名字与王权时代的关联太过紧密，而对君主制的公开信仰正是此刻最需要避免的。此外，坊间还有传言，罗慕路斯在末期堕落为残暴的君主，因此被议员们谋杀。冠以这个名字恐怕是个不祥的征兆，还会唤起人们对恺撒的回忆。因此，他们最终挑了奥古斯都这个称号，这个名字能让人们产生对宗教的联想，从而让屋大维和宗教领域建立联系。穆纳提乌斯·普兰库斯，公元前32年的叛逃者，在元老院提议用这个名字。此前，他收到了指示，这个名字并不是偶然的产物。

从此，恺撒的儿子有了一个无与伦比的名字，再也没有其他罗马人能与之抗衡了。最晚至公元前1世纪30年代初，他便开始称自己为"大将军恺撒神圣的儿子"［Imp（erator）Caesar Divi Filius］，这也是一件耸人听闻的事，因为构成这个名字的所有元素都前所未见。通过新冠以的名字——大将军，他再次将罗马的胜利永久性地归功于自己。恺撒家族此前是从未存在过的，而只是尤利乌斯家族的一个分支姓氏。通过这个名字，一个全新的家族——他自己的家族，被载入罗马史册。也只有他本人，是那位列诸神之中的父亲的儿子。大约在公元前27年1月16日，他为自己冠以这个非凡的称号——大将军·恺撒·奥古斯都，这是一个由三部分组成的罗马名字，而且是一个全新而杰出的名字。

但是，这三个组成部分并非头衔，也不是从法律上确立其地位的称号。至少在奥古斯都活着的时候，它只是一个名字。只有他的继任者继承了这个名字的某些部分、人们开始使用它时，它的内涵才逐渐转变成官衔，名字中的三个部分都可以表示皇帝的意义。不过，奥古斯都本人还不是皇帝，在公元前27年重建政治秩序之后不是，再后来也不是。对于这件事，我们会在后文再次提及。他担任了"第一公民"，代表元老院和人民承担起保护全体公民的责任。共和国时期，很多官员担任这一职位，他们共同领导着全体人民；现在，担任这一职位的却只有一个人了。作为个人，他承担了所有职务，并将权威施加于全体公民。这样，他便"赢得"了"第一"的称号，即第一公民。这一新型统治形式便是罗马元首制。公元前27年当然只是一个开始，此后很多年直到奥古斯都去世，这一制度才确立了它的完整形式。正是这种缓慢的发展方式，这种很少出现突发事件或暴力变革的方式，才确保了这一制度能够为人们所接受。奥古斯都的一句座右铭是急事缓做（festina lente），他从经验中学习到，比起急躁冒进地行事，沉着谨慎往往能给他带来更多收获。

第八章 元首制的设立

新制度的框架有了，但进一步的细节尚不明晰。因为能做什么、不能做什么、政治上还有什么空间、哪些行为可能会被视为越轨的，都还没有明确的标准。政治家们必须相互确立游戏规则，尤其是在当权者面前行事的准则。在反复试错、探求规则的过程中，有些人因为迟钝而断送了仕途、丢了性命，另外一些人则很快从他们身上吸取教训，明确了新的方向。

盖乌斯·科尔内利乌斯·伽卢斯就是起警示作用的一例。战胜了克利奥帕特拉之后，屋大维任命他为埃及总督，在埃及行使职权。这是一种极大的信任，因为按照传统惯例，所有总督都应是元老院成员，而伽卢斯从未进入过元老院，却得到了一个如此富庶的行省的领导权，以及三个军团的指挥权。伽卢斯没有意识到，在这样一个位置上应当多么谨慎才能保全自己，因为屋大维决不允许有除他以外其他"神"的存在，最高统治权只能由他一人掌握。然而，这位埃及的第一任总督几乎把自己当成法老和托勒密的继承人了。野心和对荣耀的渴望冲昏了他的头脑，他准许（如果不是他主动要求的话）在全省上下为他塑造雕像，用浮夸的铭文宣扬他本人的事迹，而不是那位身在罗马城的主子的功勋。人们在尼罗河上的菲莱岛上发现了其中一篇文章，通过这篇文章可以想见，伽卢斯是如何宣传自己的。他的所作所为传到罗马，变成了大逆不道之事和一桩丑闻。奥古斯都撤了他的职，并宣称和他的友谊到此为止。这意味着，伽卢斯的政治生涯已走到尽头。元老院下令对伽卢斯的财产进行司法调查和收缴，现在留给他的只剩下自我了断这一条路了。

这件事让奥古斯都忧心忡忡，因为伽卢

斯原本是他最亲密的伙伴之一。连一个备受他信任的人都能做出如此严重的政治误判，难以想象反对者能做出什么事来。李锡尼·克拉苏（从恺撒的同盟、他的祖父那里继承了这一名字）于公元前27年自马其顿省胜利归来，他不仅想举行凯旋仪式，还想将他亲手诛杀的敌军将领的铠甲献祭给朱庇特。这一举动将彰显他举世无双的勇气，甚至暗示着他会超越奥古斯都，取代他"第一英勇"的地位。第一公民不能也不愿看到这样的事发生。因此，他利用法律手段阻止了这场献祭，只允许他举行凯旋仪式。不久，克拉苏的政治生涯也因为这个越界的要求而骤然终止。

奥古斯都大概意识到，新秩序的建立与维护是需要时间打磨的。因此，他不能过于明显地干预太多事务。或许出于这个原因，公元前27年中，他离开了首都，前往高卢。公元前26年，他再次启程，前往西班牙北部。在那里，阿斯图拉和坎特布里亚仍在激烈反抗罗马人的统治。但是，他之所以在这两个省份停留，最重要的原因是他要借此表明态度：许诺在十年内平定那些尚未恢复秩序的省份。对于这一承诺，他是相当严肃的。停留在这两个省份还巩固了他与军团和老兵们之间的关系，其中有不少人驻扎在南法，也有一些驻扎在西班牙的部分地区，如艾梅里达（梅里达）。

在这段时间里，罗马的各个圈子、奥古斯都的支持者和反对者们，大概都在探讨着时局与未来。对这一"重获之自由"应当持怎样的态度呢？按照奥古斯都声称的，所有国家机关，包括公民大会、元老院和高层政务官都应按传统惯例行使职权。但该如何掌握这种自由度，才不致与第一公民发生冲突呢？毕竟，自公元前31年以来，他一直占据着两个执政官之位的其中之一。这一点并不符合共和制传统。过去，同一人若想重复担任执政官职务，两次任职之间必须相隔十年，而现在罗马却有了一个长期任职的执政官。这件事消磨了贵族们的野心，也磨灭了奥古斯都同党的斗志。难道他们的功劳就这么小，以至于连跻身上层政务官之列乃至擢升至元老院的最高地位——执政官的资格都没有吗？此外，还有迹象表明，一些非常年轻的后备人员恐怕很快就要取代他们的位置了。克劳迪·马塞卢斯，奥古斯都的姐姐屋大维娅第一段婚姻中的儿子，于公元前25年与奥古斯都唯一的女儿尤莉娅结婚了。公元前24年，年仅18岁的他便当上了市政官，这已经非比寻常了，更何况他还获得了一项特权，即提前十年于法定年龄便可申请担任执政官。然而，到目前为止，除了作为奥古斯都的外甥和女婿之外，他还做过什么贡献呢？这些迹象令第一公民的支持者和其他人都感到不满。人们议论纷纷，说马塞卢斯会在奥古斯都死后成为他的继任者。这件事引发了不小的骚动。

虽然我们今天掌握的细节非常少，但还是可以知道，在公元前23年，这场不断升级的危机发展到无法被忽视的地步。有人策划了针对奥古斯都的谋反事件，与其同任执政官的泰伦提乌斯·瓦罗·穆里纳极有可能也被牵涉其中，因为他提前卸任了执政官之职。然而，我们无法知晓背后的确切原因，因为在那块写有正式执政官列表（Fasti Capitolini）的大理石板上，恰好缺了写有相关内容的那块。此外，在一次针对前马其顿省省长马尔库斯·普里穆斯的诉讼中，据称奥古斯都本人和马塞卢斯也都向这位资深的执政官、所谓独立帝国的领导人做了指示。卷入这场诉讼的人也都被牵涉进密谋之中。他们暴露之后，法庭很快便将他们处以死刑，逃亡者也纷纷落网，随即被处决。取代瓦罗·穆里纳与奥古斯都同列执政官之位的是卡尔普尔尼乌斯·皮索。恺撒遇刺后，他加入了共和派。共和派没落后，他便远离了政治生活。现在，他与奥古斯都共同执政，对于第一公民来说无疑是一件好事。因为皮索可以被视为元老院中共和派议员的代表，从而彰显了奥古斯都对不同政治倾向的开放性态度。

奥古斯都的精神压力非常之大。因为精巧而复杂的新秩序还未能在各方面步入正轨，他本人也须继续探索。在这种紧张情绪之下，他在公元前23年春末得了一场危及生命的大病也就不足为奇了。在病榻上，他将自己的印章戒指交给了阿格里帕。然而，一份他所管辖的省份的部队名册和国家的财政清单却被交给了与他共同执政的皮索，即名义上的最高执政者。

这是一个十分巧妙的举动，意味着"党派"和国家都得到了授命，继续履行职责。他并不像人们担心的那样，指派一位"继承人"。不过，若说奥古斯都想毁掉他刚刚建立的一切，那也是不可能的。况且，正确的运作机制还未创立。

这次政权划分带来了怎样的实际影响，我们无从知晓，也不必获知，因为奥古斯都康复了。不过，面对他的支持者和其他重要议员，奥古斯都吸取了教训。他辞去了长期执政官的职位，直到很久之后，即公元前 5 年～公元前 2 年，为了向公民引荐他的一个养子，他才重新担任执政官。

放弃了执政官之位，使奥古斯都失去了直接领导罗马的权力。而在他执掌的省份，他的地位没有根本性变化，因为到目前为止，他作为执政官在那些地方行使的职权，直接变成了他作为资深执政官①的权力。公元前 15 年，他在西班牙的厄尔尼诺别尔佐（El Bierzo）颁布的一项法令中明确了这一点。公元前 27 年，各

---

① 执政官卸任后，赴罗马的某个行省担任一年总督，被称为资深执政官。

省的十年领导权被移交给他，这样的处理方式既符合逻辑也符合法律，因为四年半之后他的领导权才会到期。不过，这些职权仅限于在划归给他的省份行使，他无法干涉由其他资深执政官掌管的省份的事务，那些省份的官员是元老院独立任命的。然而，执政官显然允许奥古斯都在必要时对那些省份进行合理的干预。一份来自亚细亚省的塞姆的文件清楚地表明了这一点。

如此彻底地失去在各省的合法干预权，奥古斯都是无法接受的。为此，人们想出了一个办法。奥古斯都的职权，即军权（imperium）①，允许他在与资深执政官发生冲突时优先使用。当时是否如他的继任者提贝里乌斯在任时期那样，已经出现了优先军权（imperium maius）的概念，至今仍存争议。无论如何，这项规定允许奥古斯都根据需要对各省进行干预。此外，决议还指出，即使奥古斯都跨越了罗马城的神圣城界，他的职权也不会被剥夺。这项权力没

① 或帝权、最高权力、统治大权，该项权力可以针对军队或行省及领土。

有时限，但是与他作为资深执政官继续掌权这件事密不可分。按照共和国法律，其他资深的执政官若自所在行省返回罗马城时越过了城界（pomerium），当即便会失去职权。在这一点上，奥古斯都再次突破了常规。

在罗马城，奥古斯都不能凭借作为资深执政官的军权而进行统治。尤其是元老院和公民大会是政治体制中最为核心的机构，奥古斯都无权召集它们。然而，这一情况也因奥古斯都发生了变化。元老院授予他护民官权（tribunicia potestas），而不仅仅是职位本身。此外，他们还特别决议，赋予他随时召集元老院成员的权力，即使是在一般规定之外的情况下。就这样，为他创造了一整套官方权力和特权，使他能在法律基础上采取政治行动。最重要的是，护民官权本是为保护全体公民而存在的权力，如今却成了新型统治形式的象征。拥有这一权力的年限因而可被视为统治者的在位年限。奥古斯都把护民官权也作为他的头衔之一，却很少提及其作为资深执政官的军权。唯有从他亲自于西班牙的厄尔尼诺别尔佐颁布的法令中，可以看到资深执政官的头衔。

对那些时常反观共和国时期的人来说，新的政治形式是难以令人满意的。不过，那个曾经让所有人都觉得可信的想法，即奥古斯都会长期占据统治者之位，已经不再可能。他的"同党"倒十分满意，因为现在阿格里帕成了名正言顺的二把手。公元前 23 年，阿格里帕也获得了作为资深执政官的军权，但是仅限于东部地区，限期五年，因而比奥古斯都的十年任期结束的要早。权力分配的等级划分已经十分明确。第一公民迎合了共和派议员，因为无论是公元前 23 年接任奥古斯都之位的人还是公元前 22 年新上任的两位执政官都来自他们的"阵营"。某种程度上，这一行为或多或少地起了安抚和团结议员的作用。但罗马城的平民发生了骚动，因为他们的权利不再被充分保障了。公元前 22 年，罗马城爆发了饥荒，有人恶意中伤奥古斯都，说这是他有意谋划的。人们想强迫奥古斯都进行独裁统治，但他做了一场秀，撕毁了自己的长袍，宁愿被威胁他的人群用刀刺死，也绝不接受安东尼在公元前 44 年通过法律废除的独裁制度。但是他同意负责罗马的食物供给：接受了"负责粮食供应"之职（cura annonae）。在这件事上，庞培也是他的先行者。饥荒问题在很短的时间内就解决了。奥古斯都同样拒绝就任监察官，这一职位负责的是人口普查、重组元老院和审查骑士身份等。然而，替代他成为监察官的官员却难以胜任该职。这让人们意识到，如果没有奥古斯都，一切公共事务都将难以处理。人们越是频繁地意识到这一点，便越能接受他公开的地位。

在接下来的几年，选举执政官出现了争议，人们越发意识到，没有奥古斯都是不行的。奥古斯都先去了西西里，又远赴东部省份，一直拒绝担任执政官。但是，即使是从东部派回罗马的阿格里帕也无法平定首都的乱局。奥古斯都本人因为和帕提亚人之间的一项重要协定而脱不开身，他不能以此冒险。直到公元前19年秋天他才回到罗马。根据元老院决议，一部分裁判官、护民官和为首的元老院议员都来迎接他，这一荣誉是前无古人的，如同他本人在《功业录》里强调的那样。元老院还决定，在亚壁古道上的第一大门处建造一座回归之神福尔图娜的祭坛，是她守护了奥古斯都。在相关事迹中，奥古斯都也没有忘记提及这份荣誉。每年的这一天，人们都要通过献祭和比赛来庆祝并纪念他的回归，这个节日被称作"奥古斯塔利亚"。所有这些都表明，罗马的局势已经变得非常危急，奥古斯都的领导是多么重要。但是不知出于什么原因，在元首制初期，人们从未表达过这份感激之情。

危机究竟带来了怎样的法律后果，在学术界仍有争议。可以明确的是，奥古斯都获得了权力，这些权力既与执政官的职权相关，也给了他在政治上发挥的空间。正如他在《功业录》中所述，在公元前 8 年和公元 14 年，他曾行使执政官职权进行了两次人口普查（consulari cum imperio），却没有亲自任职。这说明，他在当时是拥有执政官军权的。另外，按照法律逻辑，同一个人不能两次拥有最高职权，即军权，因而所谓的执政官军权很有可能是与资深执政官军权等同的。但是，这又意味着，奥古斯都在公元前 19 年并没有重新得到军权，而是将他的资深执政官军权（长期以来仅限于行省统治）拓展到了罗马城和意大利。这一权力在时间上没有限制，想必是与延长了他的资深执政官任期有关。但这样一来，他的权力还是有时限的。因此，他又获得了一项权力，即获得所谓的贵人凳（sella curulis），以及十二个手持荆条权杖（fasces）的侍从，作为罗马共和国最高官员的外在象征。如此一来，奥古斯都在法律上的地位就和执政官等同了。那些由选举执政官引发的动荡和骚乱也就此销声匿迹了。

有了这些新的权力武器，在法律框架下，奥古斯都的政治地位算是基本确立了。不过，在这一年内，政治上明确方向的工作没有彻底完成，尤其是对于与军团的关系、元老院议员们的权限等问题。恰好在公元前19年3月27日，一位拥有不受奥古斯都限制的军权的人民行省的资深执政官，在罗马举行了最后一次凯旋仪式：科尔内利乌斯·巴尔布斯，阿非利加的资深执政官，击败了加拉曼提斯人。他的家族来自加的斯，他是该省第一个也是历史上最后一个举行凯旋仪式的统帅，同时是最后一个被写入凯旋统帅名录（Fasti triumphales）的人，这份名录被刻在了古罗马广场上一座为奥古斯都建的凯旋门上。

罗马军团的胜利并没有就此结束，但是没人有权再举行凯旋仪式了。这是由于大部分军团现在都由奥古斯都手下的副将指挥，他们的战功都归于奥古斯都，毕竟都是在他的领导下征战的。那些资深执政官拥有独立军权的省份，内部和外部都少有敌军威胁。此外，大约在公元前13年，伊利里库姆被划归奥古斯都所有，并由他手下的一位副将出任总督。在那时，仅存的一位还控制着一支军团的资深执政官是阿非利加的资深执政官，而他也必须时不时地听从第一公民的命令。公元6年，时任阿非利加资深执政官的科尔内利乌斯·兰图鲁斯战胜了盖图里人的部落，那时的他已经从属于奥古斯都，而且和奥古斯都手下的副将已没有区别了。不过，对政治上的总体定调最为重要的还是阿格里帕做的决定。自公元前23年起，他便被授予独立于奥古斯都的军权，元老院多次提出要为他的胜利举行凯旋仪式，但都被他拒绝了。

他将胜利都归于奥古斯都，后者所获的帝国荣誉在公元13年达到21个。无论是权力还是威望，阿格里帕都是与第一公民地位最接近的人，现在连他都退居后台，将罗马所有的胜利都归功于奥古斯都，谁还敢宣扬自己的战功呢？奥古斯都的两个继子提贝里乌斯和德鲁苏斯在日耳曼尼亚和伊利里库姆顺利完成了军事任务，同样不能在罗马以凯旋仪式的方式庆祝，尽管元老院投票支持他们这样做。直到十多年后，人们才渐渐明白，第一公民、军团和胜利是三位一体的，奥古斯都允许且仅允许他的家族成员进行凯旋游行。公元前7年1月1日，也就是科尔内利乌斯·巴尔布斯凯旋游行的十二年后，罗马再次获得了一场战争的全面胜利：奥古斯都的继子，掌有军权（imperium）的提贝里乌斯，庆祝了在日耳曼尼亚的胜利。然而，其他所有受第一公民委派打了胜仗的人，都只能获得一份替代品，即胜利的标志（ornamenta triumphalia）。不过，人们渐渐习惯了这一安排，并以能得到这份替代品而感到骄傲。新建的奥古斯都广场上为这位至尊之人竖立起一座新铜像，新秩序的样貌自此一目了然。

在那个时代，共和制的政体形式以及对这位"第一人"特殊地位的推崇是现实中最鲜明的特征。公元前18年，奥古斯都对行省的十年统治权到期，这一权限（仅仅）被延长了五年。背后的原因我们无从知晓，但是可以推测，有人会提出如果没有了奥古斯都，整个帝国都将无法继续运作。与此同时，阿格里帕的军权期限也被延长了，自此，他和奥古斯都一样获得了护民官的职权。同年，他和奥古斯都一起重整元老院，这项工作既艰难，又充满了风险。两人携手

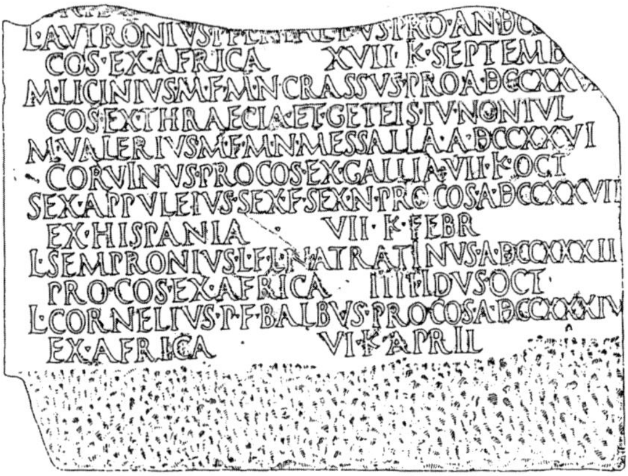

图4　罗马战胜记录的末尾，刻于罗马广场的奥古斯都拱门上，最后几行提到了科尔内利乌斯·巴尔布斯于公元前19年取得的胜利

为罗马操劳，分配彼此的权力，但是第一公民却始终只有一人。不久，奥古斯都的女儿尤莉娅为丈夫阿格里帕生下第二个儿子——卢修斯，而她的长子盖乌斯已于公元前20年出生。奥古斯都收养了这两个孩子。全世界都明白他这个举动意味着什么，虽然他没有大言不惭地直接说出来：在这两个孩子身上，我看到了我的未来，他们是我的"继承者"。当时不会有人想到，这件事在未来会有另外的走向。当下，最重要的是这一行为背后的意图。奥古斯都家族（domus Augusta）的未来，与罗马人民的未来紧密地联系在了一起。

在收养这两个儿子前不久，奥古斯都还做了另一件在全罗马引起轰动的事：举办百年大

图 5　第纳尔，约公元前12年，正面是恺撒·奥古斯都，背面是阿格里帕

祭（ludi saeculares）。按照伊特鲁里亚人的信仰，和人的生命一样，一个民族的生命也是不断轮回的。当所有亲历过一个时代（saeculum）或"世纪"的人都已离世时，新的时代便会开始。现在，伊特鲁里亚先知的预言实现了，除此之外，恺撒彗星再次出现，宣告了新时代的到来。作为"祭司团十五人"之首，奥古斯都在阿格里帕的陪同下举办了庆典。庆典自五月末开始，持续到六月中，向公众提供祭祀、马戏表演、狩猎、戏剧演出等活动，全体公民都可以参加，甚至包括家里正在办丧事而不宜公开露面的妇女。就这样，国家的新面貌清晰地呈现在每个人眼前。庆典上最重要的两位神是第一公民的守护神阿波罗和他的妹妹狄安娜。贺拉斯为他们创作了《世纪之歌》（Carmen Saeculare）。罗马人民和帕拉蒂尼之王奥古斯都都是活在他们的庇佑之下的。罗马的这一"新起点"不能被遗忘，要在后世的记忆中继续存在下去。这就是为什么要在罗马境内竖起铜柱和大理石柱，在上面记录下这次百年大祭的原因。大部分的大理石柱今天仍可以在古罗马浴场博物馆见到。

"新起点"对于另外一些人来说，意味着彻底失去希望。因为全罗马对于奥古斯都的认可已经是大势所趋、不可逆转了。另一件事也与之前别无二致：自公元前 1 世纪 20 年代起，便几乎只有贵族家庭的成员才能担任执政官。新币铸造也重归元老院的铸币师掌管，他们自然不能像共和国时代那样，将自己的家族铸刻在硬币上，而是要更多地刻上奥古斯都与他的功绩。反对第一公民的声音依然存在，但是，大量不愿与奥古斯都共事的元老会议员都主动放弃参与公共事业。要是元老院和罗马人民在那两个养子 15 岁时便把他们送上执政官之位，其个人的政治生命还有什么意义？五年之后他们就将成为执掌权杖之人。与当权者的血缘关系取代了功绩和成就的地位，就和当年的克劳迪·马塞卢斯一样。这必然导致很多人陷入深深的绝望之中。

不过，罗马的大多数人，包括政治领导阶层，也在日常实践中渐渐丧失了共和国时期的理想。人们逐渐适应了现实，并开始在新局面下努力保全自己的利益。奥古斯都自然是因此获利的，尤其是阿格里帕（公元前12年）和他的两个养子卢修斯（公元2年）、盖乌斯（公元4年）先后意外死亡，接二连三地破坏了他对未来的计划之后。不过，他本人的地位没有因此受到威胁。在法律层面上，自公元前19年起，他的地位就没有什么变化了，直到公元前12年，"独自存活下来"的大祭司、之前的三巨头之一雷必达去世，奥古斯都又接任了他的职位。全意大利的人都涌向罗马，为了参加3月6日举办的公民大会，根据奥古斯都在《功业录》（第十章）中的记述。此前，从未有如此多的罗马公民前来参加选举活动。自此，他被官方认定为诸神在罗马的最高代表，并通过一种带有强烈个人特色的方式来展现这一全新的地位：复兴共和制传统。他恢复了为至善至伟的朱庇特（Iupiter Optimus Maximus）司祭之职，并任命了第一位朱庇特祭司（Flamen Dialis）。上一个任此职位的祭司是在公元前87年被人谋杀的。现在，维斯塔贞女的人选也可以由他安排了，因为她们是从属于大祭司的。她们在维斯塔神庙守护着圣火，这圣火永不熄灭，保佑罗马共和国永远存续。她们代表着对罗马的守护，就像奥古斯都本人所做的那样。奥古斯都象征性地宣称，他在帕拉蒂尼居所中的一部分财产是公有的，依照传统，他本人作为大祭司可以在那里居住；同时，他还在那里为维斯塔神建造了一座神殿，他的妻子莉薇娅在那里守护着圣火。这接二连三的行为确立了奥古斯都在公众心目中的地位，他本人代表着罗马——这一观念在大众心中逐渐生根发芽。当他被授予"国父"这一称号时，大众终于找到了感情宣泄的方式。《功业录》记载了这件事对他本人有多么重要：人们决定，授予他这份国家荣誉。元老院、骑士和全体罗马公民都敦促他接受这一称号。最终，他于公元前2年2月5日接受了这个称号，在马尔库斯·梅萨拉·考尔维努斯（他曾在奥古斯都命运攸关的公元前31年与他共同执政）的进谏下，元老院同其他社会团体一致通过了这项决议。帕拉蒂尼山上他的住所前厅、罗马广场上的元老院议事厅、玛尔斯神庙前四轮马车下方的铭文都在宣告着这一获得普遍认可的称号。同时，他的头衔也在加上"国父"这一后缀后得以完整。这一称号想必给他带来了无可比拟的满足感，因为他可以认为自己为罗马未来的付出是富有远见的（providentia），正如一位父亲为他的家庭所做的奉献一样。他的两位养子在那时已经接受了官方任命，可以继承他的职位了。奥古斯都这样希望着，然而，事情却发生了变化。

第九章 第一公民与罗马上层阶级

在《功业录》中，元老院的地位举足轻重。公元 100 年，时任执政官的小普林尼称皇帝图拉真为"我们中的一员"。元老院议员们在公元前 43 年很可能用这句话来形容过屋大维。自然，很多人心里是有所保留的，因为他们不信任这位尚无任何作为的年轻人，在那时，他甚至连进入元老院的法定年龄都不到。公元前 2 年，当元老院授予奥古斯都"国父"称号时，他们再次将他称为"我们中的一员"，因为奥古斯都在那时也是元老院成员。但是，一些人大概会因为和他平起平坐而感到惶恐。从权力和权威的角度来说，奥古斯都远高于任何一位议员。

但是奥古斯都本人接受这一说法，因为这能体现出罗马最重要的价值之一：任何想参与罗马政治生活的人都属于元老院，并被元老院承认。对于这一点，奥古斯都的新政没有做出任何改变。屋大维通往权力的道路、作为第一公民被世人接受的过程，也是与元老院进行协商与达成共识的过程。他几乎所有的对手和竞争者都是元老院成员。就此而言，奥古斯都这几十年的故事也是元老院和议员们的故事。

随着屋大维在公元前 28/27 年交出特权，元老院的管辖权在法律层面得到全面的恢复。然而，从政治角度来说，整个世界已经彻底改变了。奥古斯都的身份只剩下执政官，除了执政官固有的权力之外再无其他特权，然而，真正重要的是，他对多数大省的军团仍有指挥权，这让他在元老院的日常事务中顺理成章地获得了更多的实际发言权。影响更大的是，元老院的内部组成也发生了变化。内战中，大量古老的家族灭亡了，另一些则陷入贫困，只有在奥古斯都的资助下才能继续生存。他们必须倚赖奥古斯都生活，因而失去了独立发挥影响的能力。更重要的是，从恺撒到三巨头，再到现在的奥古斯都，他们先后将自己的拥护者安排进了元老院，这些人的政治渊源与传统家族大有不同。他们中的多数人来自共和国时期影响力匮乏的意大利本土，还有不少人的家族是内战爆发之前才刚刚获得罗马公民身份的。其中有萨莫奈人、派利纳人，还有的来自伊特鲁里亚和翁布里亚。亚平宁北部地区的领导者们也进入了罗马的政治阶层。他们忠诚于那些准许他们参与罗马事务决策的人：先是恺撒，接着是继承了其政治遗产的奥古斯都。克劳迪一世，作为奥古斯都之后的第三位第一公民，招揽了各个殖民地和自治市的精英——自然都是富裕且颇有声望的男人。不过，他针对的不仅是意大利本土精英，因为从奥古斯都的时代起，他便从各个行省中选拔人才，用以充实元老院，尤其是南部高卢和西班牙，这些地方的人许多代以来一直深受罗马语言和文明的影响。最后一位得以在罗马举行凯旋仪式的将军来自安达卢西亚的加的斯。在奥古斯都这一政策的影响下，到了公元 2 世纪末，元老院终于成了一个由罗马全境各地代表组成的议事机构。被征服者们现在享有和征服者一样的权力，与他们一同治理罗马。这一点，在奥古斯都的时代也无人可以预料。

在奥古斯都治下，元老院重组的过程也是符合共和传统的：监察官负责取消议员资格；当选财务官的人有权成为元老院成员。不过，通过因循旧制的推选议员的方式，奥古斯都尚无权将特定个人直接送入元老院。比如，他无法为已卸任的财务官或裁判官直接增设新的议席，因为这会强烈唤起人们对于恺撒的记忆。不过，这些传统手段同样可以帮助奥古斯都实现一些迫切的目标。现在，元老院门庭若市。阿克提姆战役之后，议员人数达到了一千人，远多于苏拉在初建时设置的六百人。第一次缩编发生于公元前 29 年或公元前 28 年，手段是相当温和的。只有最"不合身份"的人才被要求离开元老院，即那些出身明显不符合一般标准的人。确有一些政敌也被剔除了，不过这不是缩编的主要目的。家族历史长久的政敌如卡尔普尔尼乌斯·皮索等得以幸免。真正猛烈的减编直到公元前 18 年才发生，有三百多位议员失去了席位，其中大部分都是被迫的。尽管奥古斯都试图说服其中一些人主动请辞，准许他们保留荣誉议员的权力，但还是很少有人听从这一劝告。其后，他又费心安排了一次议员内部选举，但也没有成功，奥古斯都便亲自做起了这份费力不讨好的工作。一些"出局者"愤怒至极，以致奥古斯都不得不在他的丘尼卡①里穿上铠甲，防止受到伤害。无论如何，他终于通过这样的方式把元老院的人数降到了 600 人。这个数字一直保持到公元 3 世纪后期。

判断一个人是否"配得上"元老院议员职位的标准之一便是拥有财富的多寡，即收入的多少。虽然，进入上层阶级的最低收入标准始终存在，但奥古斯都以前，这一标准仅为四十万赛斯特斯，对进入骑士和元老院阶级都适用。而现在，要成为元老院议员至少需要拥有一百万赛斯特斯，因而与骑士阶级（equester ordo）划清了界限。元老院阶级（ordo

① 是一种像睡袍一样的宽大的袋状贯头衣，最初为伊特鲁里亚人的穿着，后被罗马人继承。

senatorius）在罗马社会中的地位更清晰、鲜明。随之而来的后果是，并不是随便哪个拥有一定数额财产、生是自由身的罗马人都有资格申请政务官之职从而在元老院中获得席位。成为元老院阶级的前提条件是，拥有穿带紫色宽边的丘尼卡的权利——这是元老院议员的身份象征。元老院议员们的儿子生来就有这份权利，其他人则要自己努力获得。可能存在的情况是，奥古斯都有权授予这项权利——这便成了把新家族带进元老院的绝佳方法。

然而，从根本上来说，成为元老院议员的方法还是公民选举。不过，有选举权的罗马人中只有一小部分会参与选举，因为实际上大部分人都住在意大利和其他行省，离罗马太远了。另一些人则基于选民的自由决定权已经被压缩得太小，而不参与投票。不过，公元前27年后，很多参选者还是立刻参加了激烈的竞选，尤其是为了执政官之位。公元前23年，奥古斯都不再担任长期执政官之后，也立即引发了激烈的竞争。公元前19年之后，这种竞争便不再为人所知了。这一方面或许是因为这段历史的失传，但更有可能的原因是，人们越来越明确地感受到第一公民的权力优势。他有权同意或否决对各个职位的提名，从而操控选举。此外，他还有权直接提名候选人，在随后的选举中，这名候选人必会毫无悬念地当选。持续一段时间以后，诸如财务官和护民官等职位甚至出现了候选人不足的情况。太多的人意识到，像护民官这样的职位已经失去了存在的必要，因为奥古斯都每年都会代护民官行使职权。因此，有时候一些骑士会被任命为护民官，如果他们自己不愿意，在任期结束后可以不必继续留在元老院。由此可见，只有当奥古斯都明确了自己作为第一公民的统治地位后，他才会将自己视作元老院的一员。这一点在公元 5 年奥古斯都的儿子盖乌斯·恺撒死后变得尤为明显，根据为此特设的法律，一系列新的选举机构产生了。这些机构仅由元老院议员和骑士组成，旨在对参选者们进行一次预选，选出的人随后便顺理成章地正式承担相应的职责。这些机构以奥古斯都死去的两个儿子命名——盖乌斯与卢修斯·恺撒，意在以他们的名义举荐候选者：这样一来，一切政策出自何处、谁在决定选举结果等便再明确不过了。

在奥古斯都几十年的漫长统治中，通过引入新家族来改造元老院这项事业进行得很顺利并产生了深远的影响。但是，这并不意味着旧共和派家族失去了他们的特殊地位。奥古斯都安排他的近亲和远亲都来与这些家族联姻，希望他们的特殊地位能长久地为他所用。在"条顿堡森林战役"中自杀的昆克蒂利乌斯·瓦卢斯、多米提乌斯·阿赫诺巴尔布斯家族都和奥古斯都有着亲缘关系，后者的最后一位继承人即是皇帝尼禄。其他的家族也被列为贵族，促成这一身份转变的法律是屋大维在公元前 30 年颁布的。新旧贵族大都被任以圣职。人们普遍认为，由奥古斯都全面恢复并由他们执行的祭祀仪式保障了罗马共和国的存续。因此，这些高贵的家族获得了越来越高的社会地位，但人们也越来越清醒地认识到，他们的地位并不是基于自身的权利，而是归功于奥古斯都。他们对奥古斯都的依赖性越来越强。

同样具有两面性的是针对元老院的手段。

奥古斯都很早便在元老院内部成立了一个小委员会，除了他和阿格里帕，还包括两位执政官、一位裁判官、一位护民官、一位市政官、一位财务官和十五位议员。每六个月，这个委员会的成员就要更换一次。在开元老院全体会议之前，奥古斯都会在这个小组内部先提出一些最重要的政治议题。这无疑会让很多小组成员产生他们的意见很重要的感受。不过，正是因为小组成员时常更换，对于两位永久成员奥古斯都和阿格里帕来说，个人意见相对于他们两位的分量就大大减轻了。此外，小组务必尽量避免让这些被事先讨论的话题出现在元老院全体大会上，因为这些委员会成员也是元老院的议员，他们必定支持委员会小组的意见，大体上也等于是拥护奥古斯都本人的意见。具有双重影响的还有每年执政官的增选。自公元前 5 年起，除了两名常规当选于 1 月 1 日的执政官外，还需要再选出两名执政官，他们会在同年的 7 月 1 日上任。这样一来，更多的元老院成员有了担任共和国最高职位的机会，从而得以提升其在元老院中作为执政官的声望。但是，执政官的增选也意味着任期的急剧缩短，以及相应权力的削弱。那时自然没人能预想到，在卡里古拉（公元 37~41 年）和克劳迪（公元 41~54 年）治下出现了同年内选出两到三组任期仅为三四个月的代理双执政官的情况。不过，试图彻底架空执政官权力这件事是自奥古斯都开始的。他绝对没有通过缩短任期来架空执政官的权力，相反，执政官人数的增加应该是由无数的元老院议员施加巨大的压力来推动的。因为个别政务官乃至整个元老院职权的丧失使得元老院要采取提升权力的手段。在此方面体现得最明显的一种情形是，针对元老院成员在政治上的危险行为乃至一般罪行，元老院开始越来越频繁地行使司法职权。公元前 2 年，奥古斯都的女儿尤莉娅引发了一场政治丑闻，几位出身显赫家族的年轻议员也卷入其中。这件事到底是如何发生的，我们在今天已经难以确知，但能够想象的是人们可以借此发起一次针对奥古斯都的"谋反"。这件事将性与政治紧密联系在了一起。对于第一公民来说，且不论他在政治上陷入了怎样的险境，这一事件的发生对他来说本身就相当尴尬，因为其在立法时针对通奸制定了极为严厉的惩罚措施。他自己的女儿在全体公众面前用挑衅的行为违反了他的政令。奥古斯都本可以在家族法庭裁决女儿的行为，却将这一丑闻带到了元老院，让议员们做决定——自然是在他的授意之下。这样的罪行以及其他违法行为本该由正规的司法机构审理，现在元老院却在并未制定任何法规的情况下拥有了判决权。这一结果导致了元老院职权的明显扩张。到了奥古斯都的继任者提贝里乌斯的时代，议员们已能明显地感受到，政治与司法权力的冲突将伴随他们一生。尽管权力丧失、对第一公民的依赖性加强，元老院还始终仅是一个政治机构，因此，它是无法拥有独立的刑事审判权的。

在奥古斯都对元老院采取各种手段的过程中，一个问题也许始终盘旋在他的脑海中：该如何确保他的个人地位，并让他的家族始终牢牢地将权力握在手中？他自然不想通过削弱元老院及其官员的权力来实现这一目标，而是必须通过法律条款或借助握有实权的统治机构来确保自己真正掌握决策权。但出乎意料的是，奥古斯都不仅把罗马城全部有影响力的职位都交到了元老院议员手里，还把行省的这类职位也给了他们。所有能指挥军团的总督都来自元老院——除了埃及统领，这个职位最初统率着三个军团，后来降为两个。不过，做出这一规定的时间是在政治秩序尚未明确的公元前 30 年。在奥古斯都治下，这一模式已不复存在。因为其他骑士统领都不是独立的行省长官，如在阿斯图里亚斯、北西班牙、多瑙河下游的默西亚、犹太等行省，他们只能在元老院派来的总督的最高领导之下治理一些很小的区域。犹太省的统领便是受叙利亚的执政官特使领导的，阿斯图里亚斯的统领则是从属于塔拉科西班牙行省总督的。这些被派往行省的议员所掌握的军事权力似乎是没有限制的。此外，这些省份中的个别军团被还分配给一些年轻的议员来统领。按照传统，国家与军队的指挥权只能交给元老院议员，这一点对于奥古斯都来说是非常自然的，以致他甚至没有考虑过在该领域进行革命。此外，几乎所有曾与他并肩作战的政治、军事盟友都是元老院议员，若是在这方面进行改革，首先波及的必然是他们，其后果是无法想象的。

因此，在奥古斯都治下，几乎所有在政治、军队、国家治理等方面掌权并承担责任的都是元老院议员，与共和国时期无异。因此，元老院具备各种有助于确保其重要地位的条件。然而，情况恰恰相反。最晚于公元前20年，元老院已不再是一个能主动发挥作用的机构了，而是失去了塑造罗马政治形态的动力。其背后的原因是，议员之间对于政治领导权的竞争基本消失了。在公开的政治舞台上，再也没有一个反对派领导人愿为实现其政治主张而大声疾呼。奥古斯都是这个舞台最后的中心，所有人都唯他马首是瞻。在阿克提姆战役后的十年里，共和国后期那个生机勃勃的元老院还存在于一些年长议员的记忆里。他们同样记得的是当年那些斗争的后果——残酷的内战。很多人深感疲惫，无论如何都不想再看到战争爆发。时间越长，元老院中的内战幸存者就越少；不久，大部分议员对于共和国的经验就仅限于第一公民掌权以后的时期了。即使是对元老院议员来说，奥古斯都也是中心。公元 20 年，离奥古斯都去世仅六年，元老院就自然而然地授予提贝里乌斯"我们的第一公民"（princeps noster）称号——不仅是罗马的，也是议员们的第一公民。

第十章　政治权力实践：帝国的治理

公元前 27 年构建的政治新秩序对这个庞大帝国的行政管理机构规划也具有决定性影响。沿袭共和制传统、掩饰断崖式变革的努力让传统体制的激进转型免于发生。最重要的是，对于奥古斯都和他的同代人来说，并没有进行根本性改革的压力。况且，在新制度推行的早期阶段，他尚没有能力在此方面设计出一套组织有序、影响深远的整体方案，虽然当代史学家常常将这份功绩归于他。在他四十多年的统治接近尾声时，体制中已经出现了很多新事物，但是它们都发展得相当缓慢，而且很多是在人们意识到单靠旧有模式已经难以为继的情况下被引入的。政治变革后，国家的行政管理体系没有发生迅速而深远的变化。

罗马的相对稳定是这座城市当时最明显的特征，但这也是后期的诸多变化所导致的。面对庞大的城市和人口规模（至少超过五十万人），政府管理缺陷与日常危机应对方面的不足清楚显现。其中最严重的问题包括犯罪、一再发生的火灾以及台伯河的水灾，政府对这些都缺乏防范机制。更糟糕的是，这座世界都市的粮食供应问题总是得不到解决。虽然庞培曾经向人们展示过如何保障基本的粮食（尤其是谷物）供应，但随着这位组织者的覆灭，这套方法也失传了，就连三巨头时期由饥荒导致的暴乱都没能促使屋大维建立一套新的治理体系。公元前 22 年，罗马市民在灾难性的粮食短缺的压力下，迫使屋大维承担起保证粮食供应的责任（cura annonae）。就我们今天所知，尽管事情已经发展到这种地步，但屋大维没有推出任何改革治理体系的举措，很可能只是采取了一些临时措施并动用他的个人财产暂时解除了危机。另外，新上任的元老院官员们被指派发放免费的粮食，然而，外部粮食补给的来源并不归他们负责。外部粮食补给才是问题的关键。直到三十年以后，持续的粮食短缺竟然导致了大量居民外迁，罗马的政治生活几近瘫痪，（最早在公元 8 年）奥古斯都终于决定设立一个长期负责粮食供应的职位（praefectus annonae）。这个职位的官员仅是骑士级别，并不属于元老院阶级，仅负责从其他各省调运粮食至罗马，而不负责城内的粮食分配。日后，这位长官会掌握怎样的权力，此时的人们已无从知晓。

同样被奥古斯都拖延许久的一项工程是为城中不断爆发的大小火灾建立防范机制。从公元前 21 年起，他便开始训练一支由 600 个强壮的男性奴隶组成的队伍，用以应对火灾。这个主意不是他本人想到的，而是来自那位野心勃勃的市政官伊格纳提乌斯·鲁弗斯。相对于这个国际都市的庞大体量来说，它所拥有的奴隶的数量并不是很多。奥古斯都先是把这些奴隶的领导权交给了市政官，而后转交给各区区长（vico-magistri）。罗马城被分为 265 个小区，每个小区有四个区长。在这一政策彻底失败后，他又设置了七个小分队，每个小分队有 500 或 1000 名消防员，每队负责保障罗马十四个大区中两个大区的消防安全。罗马城消防的总负责人也是骑士级别，元老院及其官员不在这些方面担任职责。在人们看来，这样的职位是不符合元老院阶层的身份的。这一消防管理机制自公元 6 年起开始实施，持续了几个世纪。

以相似的方式，罗马的其他管理机构也逐步建立。公元前 12 年，阿格里帕去世，奥古斯都任命三位元老院议员解决供水问题。在此之前，这方面的问题一直是阿格里帕利用其私人手段独自处理的，现在有必要设立一个职位来长期保障用水了。此外，一方面为了保护公共建筑与国家庙宇，另一方面为了界定罗马的哪些土地属于公共区域，一个由五位元老院议员组成的咨询委员会成立了，当时他们被称为负责判定公共区域的人（curatores locorum publicorum iudicandorum）。这一委员会直到奥古斯都执政后期才开始运作，而且它不被视为一个专门解决建筑问题的机构，与奥古斯都城市规划改革（见第十三章）也毫无关系。直到奥古斯都的统治结束时，罗马才有了常设的市长职位。其职责首先是保障公共安全，并为普通百姓提供及时的法律援助。市长有权调配三个五百人步兵队。到了提贝里乌斯的时代，罗马禁卫军被安排驻扎在埃斯奎利诺山，同样也是为了保障罗马的公共安全。奥古斯都统治时期，他们被派驻在意大利本土的其他城市，罗马城里很少见到他们的身影。

意大利本土并没有进行行政改革。帝国核心领土上的大约四百座城市必须独立为市民的所有问题负责。通常情况下，中央和第一公民不进行任何干涉，尽管从南部的阿普利亚—卢卡尼亚到北部的伊斯特拉半岛的 11 个大区都是奥古斯都创设的，但似乎没有掌握对它们的长期行政权。据我们所知，只有在登记土地所有权和进行人口普查时，这些大区才发挥行政职能。一个例证是，人口普查的清单便是按照大区来划分的。然而，这些大区却没有常任官员，那么他们是如何运作的呢？就算有过这样的行政机构，也是与共和制度不相容的，因为在那种情况下，当地官员不得不僭越传统政务官员，尤其是裁判官的职权。只有一个领域，奥古斯都认为是有理由出于维护政治和军事权力进行干预的。为了在帝国范围内快速而有效地行动，他必须掌握一切信息，意大利本土范围内良好的交通状况是达成这一目标的必要条件。因此，在确立统治后不久，奥古斯都便着手修护和拓展道路网，虽然起初是以共和国时期的方式，通过其个人手段推动的，但随后他便要求元老院的其他领导者利用战争收益来扩建意大利的道路。这件事并没有成功。因此，公元前20年，他亲自担负起"道路治理"（cura viarum）的职责，同时与这一职责相伴的是他可以比过去更多地参与财政工作了。借着道路扩建之名，他有理由将钱款汇入国库（aerarium Saturni）。公元前16年，这项公共事业甚至被铸刻在硬币上，并向公众宣布。然而，由于他决意将道路建设事业长期发展下去，便让元老院通过决议成立了一个由多位议员组成的道路委员会，共同负责道路运行，尤其是维修的工作。不过，他们没有建立任何公共机构，而是要与意大利各大区以及修路的商人合作，定期进行维护。奥古斯都进行这一基础设施建设的初衷是与意大利各地尤其是各省之间建立联系，以便向它们传送信息并接收来自它们的消息。此外，他还建立了一个中转系统，便于信使以及旅途中的官员更换车马，还可以过夜。在意大利，这一系统是由一个军事经验丰富的人组织和管理的，这一官职名为"司车之官"（praefectus vehiculorum），含义一目了然。保障役畜和车辆供应的工作不由"国家"而是各个城市的行政长官负责。这些车马不是免费提供的，使用者须按规定缴纳钱款。然而，从一开始，滥用职权的种子就被埋进这一制度。当带着随行人员、位高权重的资深执政官要求使用"公共"交通系统中超过规定的车马权限时，身份低微的行省财务官该如何拒绝他的要求呢？不过，必须指出的是，在奥古斯都治下，这一负担不单单是加在意大利公民乃至建立这一系统的行省之上的。奥古斯都清醒地意识到，残酷的内战之后，不能指望从意大利人和行省那里得到太多的东西。他所说的对意大利"负责"不只是一句政治宣传的空话。

然而，这份责任心没能助他建成一个覆盖全国的行政体系，连一个组织结构清晰的官僚系统也没有建立起来，即使是在帝国的核心地区也只产生了很小的影响。在共和国时期的旧制度下，行省总督握有最高职权，可以管辖下属区域的全部居民，这一点基本上没有改变。奥古斯都推动的变革大体上都发生在政治领域，而不是行政领域。一些省份的资深执政官是通过抽签选出的，任期一年。不过，在必要的情况下，他们的任期也会被延长。最初，这些省份的数量起伏不定；到了奥古斯都执政后期，即公元后的第一个十年间，行省数量达到了规定的标准——十个。所有行省总督在法律上都是独立于奥古斯都的，甚至保留着独立的军权，虽然当代研究经常否认这一点。事实上，他们很少能真正掌握实权，因为尚有军团驻扎的行省仅剩阿非利加一个。不过，资深执政官还是留有后援部队的。

自公元前 27 年起，其他行省的法定总督都是奥古斯都。公元前 23 年后，他又凭借军权成为这些省份的资深执政官，这些省份的数量由公元前 27 年的 5 个逐步增长到他统治末期的 13 个。由于没有亲自治理所有省份的必要，奥古斯都需要让代理人替他在一些省份行使职权，即所谓的"裁判官中的奥古斯都的代理"（legati Augusti pro praetore）。法律与政治的等级划分在这一称谓中都明确表达出来：奥古斯都的名字表明他们是受其委托、代行其职责的，"裁判官中的"充分说明他们是从属于资深执政官的。奥古斯都亲自决定由谁在哪个省份中行使代理职权，其任期也由本人决定。通常情况下，代理在行省中的任期比资深执政官要长。不过目前尚不清楚，奥古斯都是否在早期阶段就已经明确规定总督的平均任期为三年左右。导致这一结果的因素在此时还尚未出现。

在职权上，除征收税款之外，代理与资深执政官并没有什么不同。因为定期征收基本税和人头税等税款仍是资深执政官和其下属财政官的职责所在，当然，还要有私人收税员的参与。一开始代理们没有获得这一权力的原因很可能是，他们所在的省份并没有设置财务官一职。自苏拉以来，每年按规定选出的财务官一直都只有二十个，随着行省数量的增加，财务官便不够用了。若要选出更多的财务官，则与重建"共和制度"相抵触。因此，为了控制这些省份的税收，奥古斯都设立了财政代理（Prokuratoren），代他行使职权。这一模式是从私人的经济活动借鉴来的，从逻辑上讲，这些财政代理首先是奥古斯都的私人代理；从官方角度来说，他们不能处理任何公共事务，也不能被视为公职人员，而仅对奥古斯都负责。从这层依附关系中还可以获知，元老院议员等真正属于政治阶级的成员是无法成为财政代理的，非元老院成员才是这一职位的人选，尤其是骑士阶级，初期偶尔还有一些奥古斯都解放的自由民，包括臭名昭著的李基努斯——他曾在高卢以"非常手段"协助奥古斯都攫取了大笔财政收入。不过，没过多久，财政代理所处理的事务就变得与政务官相差无几了，因此，自由民的身份成了这些代理在政治上的障碍。奥古斯都后来只将财政代理之位（至少是行省级别的职位）交予罗马骑士阶级，也即生来便具有自由身份的人。但是，财政代理的候补人选仍无一例外地出自奥古斯都的奴隶和被他解放的自由民。

这次税收权力的重新分配也是奥古斯都时代政治上的一项重要举措。自共和时代后期以来在各省盛行的包税制是一种纯粹的剥削制度，现在它终于走到了尽头。现代意义上通过"国家"机关直接收取税款的制度雏形似乎已经显现。然而，事实并非如此。无论是财务官还是财政代理都无权直接从行省的纳税人那里收税，因为这必须倚赖一个由无数下级人员组成的密集的行政网络。然而，二者没能创建这样的网络，在当时，罗马人尚未构想出这样的概念，收税的通常还是地方政权、城市或部族层次的市政官或包税人，唯一失去政治影响力的是包税行业。罗马共和后期，他们曾凭经济实力操控了许多政客，并让他们在行省中施行了许多有利于包税行业的政策。现在，如果他们还想继续存在下去，就必须适应新的制度。同时，必须仔细计算行省的财政收入，防止出现外省人由于过度的税务剥削而频繁向罗马迁移的状况。因为他们在政治上的主子奥古斯都"关心"

的是整个帝国，不允许因个别包税人的利益而造成整个地区臣民的动荡不安，这一要求同样适用于来自元老院的、想从行省民众身上得到好处的总督们。这些总督作为奥古斯都的下属，自然不会受到亏待，但是，在发生某些利益冲突的情况下，对奥古斯都来说，某个行省的利益要比元老院个别议员的利益更重要。奥古斯都用政治手段防范了可能发生的利益侵害，这让整个帝国的行政体系发生了重要变化。然而，某些滥用职权的情况还是没能避免。

第十一章 军队的整合

《功业录》是以一句具有纲领性的话开篇的。奥古斯都说:"十九岁时,我动用个人财产组建了一支军队,为深受党团暴政压迫的人民重新带来了自由。"这句话背后的含义一目了然:军队是他强权政治的起点和基础。

如果不是军队变成了内政问题,罗马共和国很可能不会灭亡。罗马的国家强权被各个党派领袖瓜分,继而导致军队也被瓜分。直到罗马的党派领袖定为一尊,分散的军队才重新统一。阿克提姆战役之后,这一切都实现了。但是对于奥古斯都来说,重要的是建立起他与军队之间的持久性联系,不然,便时时要面对再次爆发内战的威胁。不过，内战的终结合法化了他在政治上的主导地位。可以肯定的是，奥古斯都从未考虑过恢复共和国时期必须一次又一次征召民兵的制度。一旦这样做，他便会失去自己的权力根基。因此，奥古斯都成为常备军的真正缔造者。他需要确定帝国的居民（尤其在经济层面上）所能承受的常备军规模。

阿克提姆战役爆发时，两大强权手中共有超过六十支军团。此外还有一些援助部队，多是由当时的独立部族和诸侯出资组建的。战争的胜利者需要为罗马军团负责，很多服役多年的士兵期待能够光荣退伍。奥古斯都遣散了所有军队，为的是拥有一支既能满足需要又负担得起的队伍。这支队伍的大小究竟如何计算我们不得而知，但根据推测，对最终决策起决定性作用的应该是阿格里帕。最终确定的军团数是 26 个，而在加拉太王国被划归为行省之后，这一数字上升至 28 个。此后，奥古斯都治下的军团数量一直没变。在早期，除了正规军团之外还存在一些援助部队，即所谓的 auxilium（拉丁语"帮助"），每一支援助部队有500人。他们中的多数人是被征服地区的居民，在战败后立刻被征召入伍，包括北西班牙的亚里斯图里亚人、潘诺尼亚的布罗伊克人和阿尔卑斯山北麓的拉埃提亚人等。这样一来，他们的实力被削弱了，罗马的军力也得以提升。此外，一些同盟部族承担了兵员份额，发挥了重要作用，如巴达维人和乌尔比人。这些部族依照同盟协约从各自军队中派出部分兵力，因此，他们从法律上来说不属于罗马军队，并受本部贵族指挥，薪金也由各自部族分发，不过发的是罗马货币。即便在罗马的攻势驻地（尤其是利珀河畔的白金豪森）发现了大量的巴达维或乌尔比硬币，也并非发给士兵的薪金。毫无疑问，这些当地的援助部队必须执行罗马部队将领分派的具体军事任务。

如今，我们无法确知各省驻军的具体数量。28个军团的总编制人数是17万人，而早期阶段援助部队的人数无法准确掌握，不过可以确定的是，参与公元6~9年镇压潘诺尼亚叛乱的至少有80支队伍。即使与罗马军团实力相当，这些队伍也始终保持着相对克制的规模，尤其是从占国家总体规模的比例来看。尽管如此，罗马民众还是为此承受了极大的经济负担。虽然我们不知道罗马从赋税、关税和附庸诸侯的进贡中所获收入的准确数字，但毫无疑问的是，军队吞没了国库的大半财产，致使奥古斯都不得不使用并制定各种紧急手段和改革措施，以保障军队各项支出。军团士兵年饷的最低标准是 9000 赛斯特斯。就算部队仅由普通士兵组成，每年也要消耗一亿四千万赛斯特斯。实际消耗远高于此，因为相比普通士兵，骑士们的待遇要好些，更高级别的百夫长、护民官和副将的薪饷则高得惊人。此外，装备、驻地、意大利和各行省的舰队也各有开销。新组建的罗马禁卫军的步兵队和三个城市步兵队的薪饷标准高于其他队伍，也要算入其中。另外，援助部队的数量增加了，它们的用度亦要纳入罗马的财政预算。最后，在一些特殊情况下，奥古斯都还会为全体士兵或部分军队发放奖金。他在遗嘱中声明，为每位禁卫军士兵、城市步兵和军团士兵分别发放 1000、500 和 300 赛斯特斯。

这笔钱出自他的个人财产，同他在某些场合为军队提供大额资金时一样。此外，他还多次收购土地，用以安置他的老部下。他在意大利本土花费了 6 亿赛斯特斯，在其他行省花费了 2.6 亿。奥古斯都在《功业录》第十六章中着重指出，他所做的这一切前无古人。然而，对于通过将一些外省臣民驱离其生活的土地的方式来安置老兵的事情，他并未提及。

但是，认为军队运营费用大部分出自奥古斯都的私人财产，其实是一种被误导的想法。即使有巨额的个人收入，奥古斯都也不可能做到这一点。由于内战中收获的战利品都被视为他的"个人财产"，凭此他或许能够在一段时间内承受在意大利本土和行省进行安置的费用。来自行省税收的常规财政收入则严格按照法律规定且足额、无一例外地完全流入了罗马城的国库（aerarium Saturni），即使那些归属奥古斯都的省份也是一样。遣散费同样出自国库。自公元 5 年起，每位普通军团士兵在其服役结束时都会获得 12000 赛斯特斯，禁卫军则获得 20000 赛斯特斯。尽管我们不知道有多少军团士兵和禁卫军士兵曾被遣散并获得了遣散费，但是每年付给这些老兵的钱至少有5000万赛斯特斯或者更多。大约在公元前13年，奥古斯都安置退伍老兵的方式由土地安置转为资金安置，说明他已经在解决资金流动的问题了。最重要的是，至少要在官方通报中保证，会依照规定按期安置士兵。由于元老院时常会否定一些必要的规定，退伍老兵和现役部队便成为将领们进行政治斗争的工具。奥古斯都必须设法避免这样的斗争一再发生。他尝试了一些方法，比如，公元前7年、公元前6年以及公元前4~公元前2年，他动用家族遗产（patrimonium）付了这些钱，然而这不是长久之计。到了公元5~6年时，终于找到了解决办法。当时，一场预料之外的财政危机使国库状况进一步恶化。在新的行政制度下，奥古斯都意识到，他不仅要为罗马居民的福祉负责，也要顾及外省臣民承受的压力。他们要负担驻军的全部花销，因为在罗马城、意大利本土以及恺撒和他本人在行省开辟的专为安置老兵和无产的意大利居民的罗马殖民地，居民都无须定期缴纳税款。而现在，还要让外省人继续负担军团退伍老兵们的养老金吗？这些军团老兵无一例外都是罗马子民。奥古斯都没有这样做，而是敦促元老院议员们（作为定居罗马城的居民，他们也无须缴税）想出一种让帝国核心土地上的居民也要为罗马的和平承担责任的财政手段。他的同僚们显然没有提出现实可行的建议，于是奥古斯都落实了他自己的想法：向全体罗马居民征收 5% 的遗产与遗赠物，即所谓的遗产第二十条（vicesima hereditatium）。近亲之间的小额遗产继承是免税的，而大额遗产或遗赠，尤其是由社会—政治领导阶层的逝者遗留给众多亲友和从属的都会被课税。为了将"遗产税是符合军队利益的措施"这一点深刻植入罗马人对所有权的认识，奥古斯都专门设立了一项特别基金，即军事专款（aerarium militare）。尽管叫作军事专款，但这笔钱不是为了有军事行动任务的常备军（传统上归国库负责），而是单为退伍老兵的养老问题设立的。元老院阶级选出了三位负责长官，至少从本质上来说，他们都是从属于奥古斯都的。为了使基金开始运作，奥古斯都本人投入了 1.7 亿赛斯特斯。对于这件事，他也没有忘记在《功业录》（第十七章）中提及。他不接受来自他人的特殊捐款，这从侧面说明该举措的主要目的是针对军队进行政治宣传。

当然，军队自身也要为退伍老兵的养老出一份力。奥古斯都曾将禁卫军的役期定为 12 年、将军团士兵的役期定为 16 年，相比从前有所减短。20 年之后的公元 5 年，奥古斯都开始寻找军队问题的解决之道，又将这两种役期分别延长至 16 年和 20 年。此外，士兵从常规部队退役后，还会作为应对紧急状况的后补力量继续留在军队若干年。公元前 14 年奥古斯都去世后，下莱茵河与达尔马提亚出现了兵变威胁，军团士兵们遂被迫服役 30~40 年。此外，退伍老兵还要被重新纳入特殊编制，这些政策引得天怒人怨。虽然表述中存在夸张的成分，但深植于人们心中的不满必定有非常明确的根源。整件事的背景即财政手段的匮乏，这很有可能不为士兵们所知。与被迫缴遗产税的元老院议员一样，他们也被迫为解决军队的资金问题出了一份力。

尽管存在种种不足，但奥古斯都确实是在

竭尽全力地满足士兵服役期间对于财务安全与可靠性的需求的。除少数例外，在奥古斯都统治下几乎没有任何部队发生过叛乱。公元前19年，经历过内战的一群士兵在西班牙行省哗变，阿格里帕分文未付便遣散了他们，这是对他们的羞辱。这件事之所以从政治角度可行，是因为已没有任何领导者能且愿意利用士兵的不满来与奥古斯都竞争了。

奥古斯都并没有理所当然地成为罗马全军的最高指挥官。从法律角度来看，罗马人民行省的资深执政官仍是其下属部队的直接指挥官。提贝里乌斯就曾提醒阿非利加的一位资深执政官，说他作为总督有权决定如何奖赏自己省份的士兵，无须事先向他这位第一公民请示。这一事件表明，第一公民的"总指挥权"来自元老院议员主动的顺从，而非实质性的法律规定。确实，因为握有军权，奥古斯都可以动用军事手段与资深执政官对抗，但这种情况只发生在他们相互冲突的时候。从职位类型的角度来说，第一公民与最高指挥官没有直接联系。不过，在个别情况下，资深执政官也会受到来自奥古斯都"最高指令"（auspicia）的制约。公元6~8年的阿非利加总督科尔内利乌斯·兰图鲁斯便在这一指令下战胜了加尔图人。不过，使用这一指令需要元老院单独决议通过。通常情况下，军权是资深执政官固有的权力。拥有军权的元老院指挥官即使提出举行凯旋仪式的要求，元老院也无法通过法律规定否决。然而，奥古斯都的政治军事实践，尤其是在公元6~8年之后，让资深执政官的这一权力成为历史。在此之后，如果哪位议员取得了战争的胜利，他便是作为第一公民的副将、代表第一公民取胜的。如果奥古斯都认为一场战争值得表彰，想为此举办一场全国性的欢庆活动，他便会授予那位战胜的将军胜利的荣誉，向公众表达对他的认可。如果在罗马城中心——奥古斯都广场上为这位亲自打了胜仗的将军立起一座凯旋铜像，他的功绩便可以不朽了。

伊利里库姆取消了资深执政官这个职位，以奥古斯都的一名副将取而代之；马其顿省的军团也撤出此地。这两件事之后，奥古斯都便实质性地控制了罗马全军。在几乎所有的行省中，他都是合法掌控军队的人。奥古斯都亲自任命每一位副将以及每个军团的指挥官，他们没有独立的指挥权，其权力是从奥古斯都的军权中衍生的。这一点深深地影响着指挥官们的心态，同时也影响着士兵们的态度，因为他们知道，就连行省军队的领导者、位高权重的元老院议员也是要仰承第一公民鼻息的。此外，很多百夫长和护民官很感激奥古斯都给了他们这样的军职。每年，他们都会起誓效忠奥古斯都。有了这份誓言，加上不菲的薪水和升职的前景，百夫长和护民官们自愿结成了一张效忠皇帝之网，元老院派来的副将也与他们绑在一起。奥古斯都需要军队为他做很多事，比如在西班牙、巴尔干和日耳曼尼亚的侵略战争中，军队付出了巨大的努力和惨痛的代价。然而，遗忘的斗篷很快便遮盖了一切，人们忘记了战争中他们所咒骂的一切，只记得在奥古斯都的领导下与队伍共同取得的功绩，并为此感到骄傲。从无数碑文、荣誉雕像的铭文中可以看到，奥古斯都是如何向大众传达他所嘉奖的军功的。每一份嘉奖都是大将军·恺撒·奥古斯都胜利的见证。

第十二章 扩张者与"救世主"

奥古斯都本人在其生平事迹中反复提及他在军事上的成功。勇武与战功不仅在公元前27年经元老院决议成为"奥古斯都四种美德"之一，还在他的名字和头衔中反复体现。大将军这个词已成为他名字的一部分。其头衔说明，战场上的士兵们无数次地以"大将军"之名称呼他，他都欣然接受。① 这种情形在公元前13年出现了21次。也就是说，如果奥古斯都想举行凯旋仪式的话，他已经可以举行21次了。在他之前，没有任何罗马人能在这一点上与之相提并论，也从没有人像他这样"谦逊"，多次拒

① 　指军队在奥古斯都的指挥下取胜。

绝凯旋仪式的殊荣。《功业录》第四章几乎全在讲述他的胜利和军事成就。

奥古斯都曾宣称要为罗马带来和平，他的这些功绩便是履行这一承诺的证明。他的统治当以"奥古斯都之治"（pax Augusta）为名，永远留存在人们的记忆中。公元前13年，平定了西班牙和高卢行省后，奥古斯都回到罗马城，并在那里为自己建了一座和平祭坛（ara Pacis Augustae）；他三次关闭雅努斯神殿的大门，象征着罗马军队的取胜和罗马帝国全境重获和平。这些举动都是在向罗马的公众们宣扬奥古斯都的功业。在《功业录》第十三章中，奥古斯都强调，在他之前，雅努斯神庙的大门只被关闭过两次，而他本人却关闭过三次。

事实上，这种政治宣传是在帝国内部进行的。从军事扩张的角度来说，奥古斯都确实史无前例地发起了太多损失惨重然而整体上成功的战争。在他统治的四十多年间，罗马开疆拓土的总面积超过了之前任何一个等长的时间段，包括北西班牙、阿尔卑斯地区的拉埃提亚和诺里库姆、伊利里库姆和潘诺尼亚，以及北起阿哈伊亚、马其顿直至多瑙河的整块区域；小亚细亚本都的部分地区、帕夫拉戈尼亚、加拉太、奇里乞亚和犹太也被划为行省。埃及则早在公元前30年便归罗马人统治了，阿非利加行省也向东部和南部扩张。同《功业录》第二十六章中的描述完全一致，奥古斯都在环绕地中海的几乎所有区域推进罗马帝国的统治，在每一个行省，他都将统治拓展到那些尚未向罗马人臣服的部族所在的地区。

并非所有的疆域扩张都是战争的结果。公元前25年，加拉太国王阿敏塔斯去世后，这一地区几乎未经军事力量介入便被罗马收归为行省。公元6年，犹太大希律王的继承人希律亚基老陷入危机，奥古斯都遂将其废黜。犹太并入叙利亚行省，一位骑士阶级的统领被委任为犹太巡抚。由于叙利亚当时正在进行人口普查，犹太的居民便成为这次普查的对象。这即是"居里扭普查"，曾经出现在《路加福音》中，与耶稣降世有关。

不过，大部分拓展帝国领土的方式都不那么和平。在这一点上，奥古斯都是共和国时期伟大的将领们忠实的接班人。但相比他们，奥古斯都可以调动整个帝国的军事力量发起掠夺战争。最重要的是，在漫长的统治中，他可以不断发展并长期实践自己的理念。他的所作所为基本是符合民意的，几个世纪以来，公众舆论几乎将"以牺牲他人为代价扩张罗马领土"视为罗马的使命。用维吉尔的话来说就是，诸神给了台伯河上的这座城市无限的权力（imperium sine fine）。这句话不仅代表诗人的想法，也反映了罗马人尤其是罗马统治阶层的内在想象。奥古斯都确信，人们渴望罗马的扩张。他想替公众实现这一愿望，也没有人会阻拦他。不过，他心中的具体目标与他同代人的预期大相径庭。很多人首先想到的是向东扩张，自亚历山大时期以来，罗马人就深深眷恋着那片土地，在苏拉和庞培自东方满载而归后，人们对东方的热情更加高涨。另外，在被帕提亚战败后，罗马的自尊心受到不小的打击，尤其是克拉苏在卡莱惨败、公元前 36 年安东尼颜面尽失且损失惨重，让人们记忆犹新，罗马军团的标志至今还在敌人手中。这一切令罗马人渴望复仇和恢复昔日的荣光。为此，恺撒计划对帕提亚采取行动，然而奥古斯都却没有效法。他没有这样做的确切理由今天已无从得知，但毫无疑问的是，他并非因为和平比扩张更有价值而做出决定的。也许，他最先关注的是罗马帝国的中心地带，幼发拉底河以外的区域对他来说太遥远了。也有可能是因为他将过往的失败看得太重，以至于最终放弃了对强大的帕提亚大举进攻的计划。公众对他"深感失望"。为了抵御来自东部的威胁，奥古斯都在很大程度上要依赖那些被他与罗马帝国绑在一起的王国，这些王国用自己的军队保卫着罗马的阵地。几次外交谈判后，叙利亚的罗马军队做好了展开一切军事行动的准备。公元前 20 年，一项筹谋已久的计划开始实施。奥古斯都本人留在东部，派他的继子提贝里乌斯前去帕提亚交涉。提贝里乌斯带回了之前三位罗马将军在帕提亚丢失的军团标志，完成了一次非常出色的政治宣传。在罗马城，元老院和人民在广场上立起一座凯旋门，在上面刻画了奥古斯都的凯旋队伍与罗马军团的标志。位于奥古斯都广场的玛尔斯神庙建成之后，凯旋门便被保存在这里。这座神庙后来成为罗马军事行动的祭祀中心，在这里，元老院将在战争与和平之间做出抉择。在战争中得胜的将军的雕像也会被竖立在玛尔斯神庙前。这样一来，对帕提亚的外交成就以一种军事上的胜利呈现在公众面前，这满足了罗马人的部分期待。

真正的战场位于帝国西部，主要集中在莱茵河、多瑙河流域。在这些战争中，罗马有胜有负、有得有失，但总体上是成功的。

公元前 27 年，共和国重建不久，奥古斯都便去了西班牙。此前十年间，这里战乱不断。一些总督打过几场胜仗，但未取得彻底的胜利，尚有一些拥有独立武装的部族活跃在这一地区。但是，情况还没有严重到需要奥古斯都亲自解决的程度，他这样做的主要目的是，在完成内部政治秩序的整顿后，要向公众证明，行省在他心中也是占据相当分量的。一支异常庞大的、至少由七个军团组成的队伍，在西班牙西北部集结。尽管屋大维很快便宣称征服了坎塔布里亚，但是战争直到公元前 19 年才真正结束，最后阶段是由阿格里帕接手指挥的。这片新征服的区域部分归属卢西塔尼亚，部分归属塔拉科西班牙。也就是说，它是归奥古斯都领导的。这次取胜的重要成果之一是获得了西班牙西北部的一片矿山，由它带来的大量财富被立即投入其他侵略战争中。

此战结束后，大部分驻扎在当地的军团立即转移到高卢。据推测，他们去那里应该是为了同当地居民一起修建和扩建长途公路。这些公路是阿格里帕下令铺设的，自卢格杜努姆始，途径莱茵河流域，直至英吉利海峡。奥古斯都及其领导集团明显对莱茵河右侧、从上游至河口的区域相当感兴趣，包括修建长途公路、在莱茵河上游北侧的丹斯泰特建设军事驻地，以及从公元前 19 年～公元前 18 年将日耳曼部族的乌比尔人自莱茵河右岸和兰河流域的敦斯堡迁移至土地肥沃但几乎无人定居的科隆谷地，公元前 20 年～公元前 10 年铸造的乌尔比币证实了这段迁移的历史。作为罗马人的盟友，乌尔比人需要保卫罗马领土，抵抗其他垂涎高卢地区财富的日耳曼部族的入侵。我们无法确切了解，奥古斯都和阿格里帕在当时对莱茵河右岸的日耳曼尼亚有何种打算。但是，他们的意图从一开始便给人留下充满攻击性的印象。公元前16年，奥古斯都的副将马尔库斯·劳里乌斯在一场掠夺战争中被日耳曼部族的斯坎布里人、滕科特利人和乌西皮特人击退，损失惨重，甚至还有一面鹰旗（aquila）①被夺。罗马发动大规模侵略战争的意图因此强化，不过，这次惨败并非触发战争的关键。同年，阿尔卑斯山东麓的诺里库姆王国率先挑起争端，侵入罗马领土。诺里库姆成为后来自伊利里库姆独立出来的潘诺尼亚行省的一部分，受一位出身于骑士阶级的统领指挥，而这位统领是伊利里库姆／潘诺尼亚省元老院阶级总督的下属。公元6年的犹太也使用了这一治理模式。诺里库姆划归行省一年后，奥古斯都的两个继子提贝里乌斯和德鲁苏斯征服了阿尔卑斯山西部，后来划归为拉埃提亚行省的一部分。罗马边境线上的所有部族都臣服于它在史上是第一次。现在，

---

① 罗马军团最为重要的标志，由一只金色雄鹰和战旗组成，敌军夺走鹰旗被视为军团的奇耻大辱。

这些被征服的领地像一把弓一样在罗马帝国的核心区域展开，保护着罗马的居民。人们十分看重这场战争的胜利，贺拉斯在《颂歌》第四卷中为这两位年轻的将领建起了两座文学意义上的纪念碑（第四卷第 4、第 14 首）。几年之后，元老院在摩纳哥附近的拉蒂尔比的一座小山上为奥古斯都竖立起阿尔卑斯胜利纪念碑（tropaeum Alpium）。直至今日，它仍在歌颂着奥古斯都的功业：将阿尔卑斯地区的居民永久地纳入罗马帝国的统治范围。

公元前 12 年，德鲁苏斯发起了对莱茵河右岸的日耳曼部族的进攻，阿格里帕则在伊利里库姆讨伐潘诺尼亚部落。阿格里帕去世后，提贝里乌斯接手了他未竟的事业。罗马帝国对阿尔卑斯山及其北麓的征服，是以一次又一次的征战为基础的。这两个地方爆发战争的一个共同原因是，彼此有亲缘关系的部族有的生活在罗马统治范围内，有的则相反。这样的关系对于行省来说是一个长期的不稳定因素，因此有必要采取对策。此外，奥古斯都和阿格里帕很可能希望借此实现开疆拓土的战略目标，然而，在此方面没有可作为依据的史料流传下来。

在公元前 12 年～公元前 9 年的战争期间，伊利里库姆和潘诺尼亚地区的大部分部族都归顺了接手阿格里帕工作的提贝里乌斯，接下来的几年仅发生了几场规模较小的战役。这些部族的反抗能力似乎很弱，在迎战之时，彼此之间很可能没有商量对策。因此，罗马人较为轻松地拿下了这片土地，从而使其错误地以为，这些被征服的臣民会满足于罗马统治下的安宁生活。十五年后，这一错误判断几乎给罗马带来了灾难。

在日耳曼尼亚发起几次进攻后，德鲁苏斯很快就收获了领土。罗马人在这里想展开的不仅是一场报复性战争，体现这一点的例证有很多。他们早期便在利珀河畔设立了一些军营，如欧博拉登的军团驻地、白金豪森为军队过冬建立的补给营等。公元前 9 年，德鲁苏斯已经攻到了易北河，威拉河畔的新军营也已建成。此时，大部分日耳曼部族都已被征服。德鲁苏斯在回程途中坠马死亡后，提贝里乌斯接过了其指挥权。公元前 8 年的战争结束后，历史学家维莱伊乌斯·帕特尔库鲁斯断言，提贝里乌斯几乎已将日耳曼尼亚变成一个负有朝贡义务的省份。虽然这位作者在当时是出名的谄谀之臣，但这句话大体上是中肯的。至少，罗马始终在扩大势力范围，通过建立军营和堡垒，罗马人想长期统治这些领土的意图昭然若揭。在利珀河畔的哈尔滕设立的军营，从外形上看几乎是一座堡垒；兰塔尔地区的瓦尔德基尔梅斯已经失去了军事驻地功能，而完全转变成一座平民居住的城市。罗马人对这片区域的掌控力非常强，以至于奥古斯都可以将邵尔兰的铅矿承包给罗马商人。

公元前 6 年，提贝里乌斯申请隐退，不再参与政事，并自我流放至罗得岛，但这没有改变罗马在日耳曼尼亚的统治地位，不过还是有一些暴动发生。由于史料不足，我们不能清楚地了解当时到底发生了什么，不过可以确定的是，当提贝里乌斯于公元 5 年重返莱茵河地区时，日耳曼尼亚仍然牢牢地握在罗马人手中，留给他的唯一任务便是战胜国王马尔伯德。马尔伯德同他的部族马科曼尼撤退到波希米亚，并与易北河对面星罗棋布的其他日耳曼部族建立了紧密的联系。不过，他仍然是臣服于罗马统治的日耳曼人的盟友，提贝里乌斯决定改变这一状况。为了实现这一目标，他计划分别向日耳曼尼亚的美因茨和潘诺尼亚的卡农顿发起进攻。这次进攻的后勤工作做得相当全面，其中包括在缅因河中部地区的马克特布赖特建造的巨型谷仓，然而，这一谷仓从未被使用过。就在十二个军团都已整装待发的时候，提贝里乌斯接到了潘诺尼亚人起义的消息，此次进攻亦被取消。马尔伯德的势力没能被摧毁。

奥古斯都需要将全部兵力集中到潘诺尼亚。那里的部落显然已经联手，意图共同抵抗罗马的侵略。罗马受到了严重的威胁，以至于身在首都的奥古斯都受到严密的看护，一项他试图推行的关于婚姻和家庭的法案（见第九章）恰好在此时遭到强烈的反对，从而不得不放弃。奥古斯都组建了新的援助部队，一些奴隶也被征召入伍，他们的主人为了应对兵役制度，不得不释放了他们。就连罗马城的居民也被迫服役。最终，提贝里乌斯得到了10个军团至少80

支援助队伍。凭借这些队伍，他终于在公元9年成功镇压了起义，但这场战争使双方均付出了惨重的代价。对于提贝里乌斯来说，他取得了战争的胜利，然而整个帝国的财力和人力都已消耗殆尽。军队和罗马的财政系统都需要一段时间的休整。但是，就在罗马人宣布战争胜利的几天以后，又一条可怕的消息传到了首都：率领着3个军团和9支援助队伍的总督昆克提利乌斯·瓦卢斯在莱茵河右岸被日耳曼人歼灭了。统领日耳曼人军队的是阿米尼乌斯——切鲁西人年轻的诸侯，他曾在罗马军中担任援助部队的统领，并和许多日耳曼部族的首领一样，被授予了罗马公民权，奥古斯都和他的党羽都曾十分信任这些首领。他们中的一些人没有辜负这份信任，但是，诸如切鲁西和其他意图反抗的部族迫使所有日耳曼人团结起来，和他们一起对抗罗马。这次战争究竟是一场全面的暴动，还是那些曾在罗马援助部队服役、最熟悉罗马军队作战方式的日耳曼人的反抗，至今学界仍有争议。即使是后者，大部分日耳曼部族也还是加入了叛乱的队伍，光这一点便反映了问题的严重性。瓦卢斯可能太过于信任阿米尼乌斯和他的盟友们了。后来，罗马人指责他，并认为是他的所作所为诱发了日耳曼人的暴动。因为他收取贡物、行使司法权，像统治行省那样统治日耳曼尼亚。事实上，瓦卢斯有理由这样做，因为当时的日耳曼尼亚确实已经成为罗马帝国一块行省化的区域。

据推测，瓦卢斯于公元9年接到了日耳曼人起义的消息，并在其诱导之下发起进攻，最终却同他的部队一起被打败了。阿米尼乌斯与同盟们利用了雨天和熟悉地形的优势，打赢了这场战役。塔西佗将这次灾难发生的地点命名为条顿堡森林（Saltus Teutoburgiensis）。直到近代早期，那片地区才第一次被称呼这个名字，然而这些低矮的山脉其实不是当时罗马人战败的地方。过去十年间，在距离布拉姆舍的卡尔克里泽几公里范围内出土了许多车辆的配件、武器和装备的零件、倒塌的城墙以及匆忙掩埋的钱币。因此，今天有很多人认为，这片区域才是当年瓦卢斯的军队被歼灭的地方。其实，这里并不是所谓的"瓦卢斯战场"。这一战场是不存在的，因为这场屠杀涉及一片广阔的区域，耗时三天之久。瓦卢斯和其他高层官员是自杀的，剩下的群龙无首的士兵全部被日耳曼人屠杀或俘虏。

罗马城弥漫着恐慌的气氛。人们认为，日耳曼人会渡过莱茵河占领高卢。然而，日耳曼人并没有这样的打算。阿米尼乌斯把瓦卢斯的头颅寄给了马尔伯德，但后者拒绝和他联手对抗罗马。莱茵河地区局势紧张，但是依然平静。很多研究者认为，奥古斯都在那时意识到，他需要改变对日耳曼人的政策。事实上，他似乎更加坚定地推行那具有攻击性的政策。因为被歼灭的部队没有被新的部队所替代，莱茵河畔的军力甚至比之前更强了。重新被派至日耳曼尼亚的提贝里乌斯立刻对那些不忠诚的日耳曼人部族发动报复性战争。不过，起决定性作用的是，德鲁苏斯的儿子日耳曼尼库斯（最晚于公元 13 年）被派至莱茵河前线指挥作战，并在同年取得了胜利。这次胜利让奥古斯都最后一次被敬称为"大将军"。也是因为这次取胜，奥古斯都决定委派日耳曼尼库斯收复失地。莱茵河右岸的日耳曼尼亚领地并未全被日耳曼人夺回，北海沿岸的一些部族对罗马仍然是忠诚的。因此，奥古斯都在《功业录》第二十六章中说他平定了自西海岸的加的斯至易北河入海口，包括西班牙、高卢、日耳曼尼亚的整片区域并非妄言。直到提贝里乌斯时期，罗马才从根本上放弃了对日耳曼尼亚的扩张性政策。

为了发动侵略性战争，奥古斯都让罗马帝国承受了超出其能力范围的压力。在他的领导下，公元前25年～公元前22年，埃及统领埃利乌斯·加路斯和盖乌斯·佩特罗尼乌斯发动了针对埃及南部的埃塞俄比亚王国、阿拉伯半岛南端的赛伯伊王国的战争。奥古斯都在关于他生平事迹的记述中骄傲地宣称，他的军队南进到此前罗马军队从未踏过的土地，不仅充分维护了罗马人的自尊心，还提升了第一公民的威望。然而，如同后来的日耳曼尼亚一样，罗马军团在这里的成功没能持续太久，与帕提亚的边界争端也没有彻底解决。公元前20年，罗马与帕提亚达成和解，两国之间的和平状态维持了二十年后，奥古斯都不得不将他的另一位养子盖乌斯·恺撒再次派至帕提亚，而他也没能为两国争端找到长期的解决方案。这件事更为严重的后果是，盖乌斯·恺撒在围攻一座城市时受伤去世，这对奥古斯都个人来说犹如一场灾难。在第一公民去世时，解决东部问题的方案也仍未找到。

尽管帝国遭受了许多挫折，在多瑙河流域、莱茵河右岸损失惨重，但从罗马人的角度看，奥古斯都仍然是罗马历史上最伟大的征服者、帝国的"扩张者"。在未来的几个世纪中，奥古斯都治下征服的每一块土地都是罗马帝国的领土，证明了其选择的"正确性"。

第十三章　罗马城——奥古斯都之城

　　奥古斯都的继任者中，很少有人像他那样全面了解帝国的领土。从旅途总里程数来看，只有哈德良（公元 117~138 年在位）超过了他。早在奥古斯都全面掌权之前，他便走过了意大利、希腊、伊利里库姆、西西里等地，阿克提姆一役之后，他又走遍了东部的广袤大地。公元前 21 年～公元前 19 年，奥古斯都再次探访东部，彼时提贝里乌斯正在与帕提亚交涉。不过，大部分时间他还是在西部省份度过的，尤其是西班牙和高卢。公元前 27 年～公元前 24 年与公元前 16 年～公元前 13 年，他都是在这些地方治理着整个帝国。其生命中最后两次旅行分别发生在公元前 11 年（或公元前 10 年）和公元前 8 年，目的地也是高卢。罗马君主制的一个特征在这一点上得到了体现：统治者在哪里，帝国的中心就在哪里。公元前 25 年，印度诸国王派出的使臣们曾在塔拉科谒见奥古斯都；公元前 20 年，他们再次觐见，这次的地点是萨摩斯岛和叙利亚的安条克。埃塞俄比亚女王坎迪斯的代表也到访过萨摩斯岛，并在那里与罗马人签订了一项和平协定。奥古斯都不在罗马时，元老院多次遴选成员组建小组，并派遣他们与奥古斯都商讨政治问题。只有奥古斯都在场时，元老院才会做长期决策。

然而，真正的权力中心依然是罗马城。奥古斯都从未想过要另建一个帝国中心，其行动也与这种"罗马中心式"思维密切相关。他是第一个从城市规划角度将罗马建成帝国中心的人。人人都能在这里感受到政治气息，这座城市新出现的种种景象无不体现着君主的权力——尽管他多多少少表达了对共和制的尊重。

这份尊重体现为他并没有建造一座符合自己身份地位的住所。直到他的继任者统治时，帕拉蒂尼山才被建成一座皇家山丘，今天，游客们依然可以看到它"宏伟"的废墟。奥古斯都本人则遵循了西塞罗在一次公开演讲中提到的一条原则："罗马人不喜欢骄奢淫逸的个人，却乐于见到奢华浪费的公共服务。"早在三巨头时期，奥古斯都就买下了帕拉蒂尼山上的一座房子，这座房子是罗慕路斯依照传统建造的。可能是考虑到自身的政治前景，奥古斯都才做了这一决定。从规模和布局来看，他买下的这座多姆斯（domus）①是比较朴素的，尤其是与共和国后期领导者们展现的那种令人生厌的骄奢生活相比要更加明显。不过，在奥古斯都漫长的一生中，他为这座房子做了许多象征性的改动。公元前 27 年 1 月，内部政治格局形成，元老院通过决议在这座房子的大门两侧种下了两棵月桂树，大门上方挂上了槲叶环，表彰他拯救罗马人民于水火之中，其他任何一个罗马贵族的住所都没有得到过这种程度的官方表彰。公元前 12 年，奥古斯都被选为大祭司（pontifex

① 罗马共和国、帝国时期上层阶级或一些富有的自由人居住的房子。

maximus）后，将这座房子的一部分改成了公共建筑，即"公有多姆斯"（domus publica），因为大祭司需要住在这样一座正式住所中。不过，奥古斯都并不想搬进他位于罗马广场的官邸，即"治理多姆斯"（domus regia）中。他还在自己的住所建造了维斯塔神殿，维斯塔女神的女祭司、维斯塔贞女们在此守护着圣火。莉薇娅负责处理大祭司居所的各项事宜。奥古斯都的公共职能和个人生活成为密不可分的整体。

这一点可以从他对房子的结构设计上明确地体现出来。买下这一产业后不久，房子被雷击中，奥古斯都遂对外宣称这是一块圣地，并建立了守护神阿波罗的神庙。这是罗马城的第一座神庙，完全由卡拉拉大理石建成，后来还埋藏了刻有西比拉女先知神谕的雕塑。百年大祭时，这座神庙是整个庆典的中心，人们在这里演唱贺拉斯谱写的世纪之歌。与神庙相连的还有一个门廊、一座图书馆。随着年龄的增长，奥古斯都越来越频繁地在这里召见元老院议员。由共和旧制下的元老院议员们组成的委员会听从奥古斯都的指令，他们被召集到罗慕路斯山丘的行为仿佛是一种隐喻，象征着他们对尤利乌斯家族神秘先人的尊崇。

奥古斯都并未亲自指挥改建罗马广场——罗马共和国的中心，建造与筹资的问题都由元老院负责（至少部分是这样的）。不过，奥古斯都的理念及其本人和家人都以纪念碑的形式被呈现在这座广场上。逐渐地，"他的"建筑和纪念碑一个接一个地建了起来。到他去世时，这座广场焕然一新，几乎被完全掌握在尤利乌斯家族手中。广场东侧的第一座新建筑是已被神化的恺撒的神庙，这件事表明奥古斯都正在筹谋罗马的政治改革。神庙前面的祭坛便是恺撒的尸体被火化的地方。此前，这里有一座演讲台，是阿克提姆战役之后设立的，上面装饰有掠夺来的战舰的撞角。广场西侧也同样建起了一座共和派的演讲台。两个演讲台象征着两个时代在这里相遇，而新的时代此刻已占据主导。恺撒神庙的一旁矗立着华丽的帕提亚拱门，拱门共有三个门洞，上面饰有奥古斯都的形象以及从帕提亚夺回的军团标志。共和国时代便已存在的卡斯托耳和波鲁克斯神庙耸立在拱门旁边，后来，提贝里乌斯以他和兄弟的名义用大理石彻底重建了这座神庙，并用巨型字母将他们的名字刻在了上面。由于规模巨大，这座神庙占据了整座广场，与它相连的是为纪念奥古斯都那两位早逝的儿子盖乌斯与卢修斯修建的五门洞的巴西利卡 ①。人们还全面重建了元老院议事堂，并使之朝向罗马广场。议事堂冠以尤利乌斯的名字是在对外宣称，重建工作是当权者推动的。议事堂是奥古斯都在罗马城重建的第一批建筑之一，这一点他也没有忘记在《功业录》（第十九章）中提及。唯有由埃米利亚家族于公元前 2 世纪始建的埃米利亚巴西利卡是原家族重建的。唯一与奥古斯都的名字无关的新建项目是一个用以自由讨论的小广场，是由裁判官奈维乌斯·苏尔蒂尼乌斯负责修建的，很可能是元老院下令、国库出资建设的。无论从视觉冲击还是象征意义来看，整个广场都被奥古斯都式的建筑占据了。

---

① 古罗马的一种公共建筑形式，呈长方形，外侧有一圈柱廊，主入口在长边，短边有耳室，采用条形拱券做屋顶。

除了重建位于共和国中心的罗马广场，第一公民还新建了一座广场。它在议事堂的北侧，中间只隔了一座恺撒广场。"在我自己的地产上，我用战利品修建了复仇神玛尔斯庙和奥古斯都广场。"他在《功业录》第二十一章中这样写道。这片广阔的圣地曾在腓立比战役前得到奥古斯都的赞美，现在它已经成为建筑群的一部分，同时还能满足日常的实际需求。但是，建造这座广场更为重要的目的是，让罗马人从视觉上感受到这位新上任的当权者与尤利乌斯家族的联系，摆正他在罗马历史上的位置，让人们以他为核心。神殿的墙壁上绘有玛尔斯——罗慕路斯的父亲，以及维纳斯——尤利乌斯家族的女性祖先的画像。在这座矗立在高台上、用大理石建成的庙宇两侧立着两座门廊，在这里，神话时代的亲族关系流传为有据可查的史实。罗马历史上重要人物的雕像都摆在这两个门廊的壁龛里：从罗慕路斯到知名的监察官克劳迪，再到独裁者苏拉、恺撒的反对者庞培。题字记述了他们的政治、军事生涯与为共和国做出的功绩。他们所有人的功业为奥古斯都的统治铺平了道路，也被奥古斯都的个人功业所超越。神庙的右侧以类似方式陈列着尤利乌斯家族成员的雕像,从特洛伊英雄埃涅阿斯,到奥古斯都的女婿马塞卢斯、继子德鲁苏斯。这两条线的交点是奥古斯都,他的雕像立在一座凯旋战车上,主宰着神庙前的广场。雕像下方的题词敬称他为祖国之父,这位军权在握的统治者被塑造成一位世袭了家族权力的君主。

当然,奥古斯都心中的罗马不仅仅是以统治者的个人意志为中心的罗马。《功业录》展现了他心中规划的部分图景。其中包括建设罗马历史上最重要的神殿:坐落于奎里纳莱山的奎里努斯神庙,或是阿文丁山上的狄阿娜神庙。根据他自己的说法,仅公元前 28 年一年,他便在元老院的请求下重建了 82 处圣迹。内战期间它们被忽视了。屋大维——奥古斯都,共和国的重建者,罗慕路斯第二,恢复了它们昔日的光彩,从而向公众证明,他已经使国家根基恢复稳定。

然而,相比"圣迹",奥古斯都主持的"实用性建设"出乎意料的少。除了议事堂,他还修建了庞培剧院和为纪念女婿而建的马塞卢斯剧院，修缮并扩建了下水系统。这些"实用性建设"大多交由阿格里帕负责。早在公元前33年任执政官期间，奥古斯都便将这一工作交给了市政官，并以公开任命的方式，令市政官处理重建事宜，但经费出自奥古斯都的私人财产。在卸任执政官后，他便亲自接手公共建设工作。两条新的高架渠：维尔戈水道和尤莉娅水道为罗马城带来了不同以往的水源供应。维尔戈水道主要解决位于战神广场的阿格里帕浴场及与其相连的公园和水上设施的用水问题。浴场旁边便是万神庙，它的前廊矗立着奥古斯都和阿格里帕的雕像，里面是诸神的塑像，其中包括被神化的恺撒。人界与奥林匹斯山上的神界是相联系的，但在罗马城，这两者不能融合。

阿格里帕在紧邻万神殿的地方建成了从恺撒时期便开始修建的朱里亚神庙，人们聚集在这里并就政治议题进行投票，与之相连的一座礼堂是计票的地方。它们规模巨大，大理石质地使之显得富丽奢华。不过从政治角度来说，这些宏伟的建筑是多余的，只是徒有其表。它们很快就变成了居民们散步和娱乐的地方。不过，对于这个人口众多、居住环境拥挤的大都市，这一功能也是有价值的。同样有价值的还有市场和仓储设施，比如以奥古斯都的夫人莉薇娅命名的、坐落于埃斯奎利诺山上的莉薇娅市场。

和政治生活一样，在短短四十余年间，罗马城发生了翻天覆地的变化。新建筑随处可见，有的是奥古斯都本人下令修建的，有的是为了他或他的家人而建的。这是尽人皆知的，因为这些建筑的铭文上清楚地写着第一公民奥古斯都和他的儿孙们、他的同僚阿格里帕，以及其他家庭成员的名字。今天，我们还能在万神庙的题词上看到阿格里帕的名字。人们经常可以看到，巨型的镀金铜制字母（litterae aureae）在阳光中熠熠生辉，它们出现在庙宇的门梁、方尖塔或是凯旋门上，向罗马人宣扬着第一公民的荣誉和事迹。到处可见的还有他的雕塑：广场的演讲台上、复仇神玛尔斯庙前、万神庙的前厅里，以及公元前 12 年 ~ 公元前 7 年在罗马城 265 个区建成的小教堂里。在这些教堂中，主要供奉的是拉尔神的雕像，他是区域的守护神。同时，一尊"守护者奥古斯都"的小雕像也被供奉其间，用以展现他身上的男性力量。奥古斯都亲自向各区捐赠了这些小雕像，每当人们庆祝节日或是供奉本地神灵时，"守护者奥古斯都"也会被供奉。这样一来，第一公民便渗透进公共空间和人们的日常生活，没有人能忽视他的存在。公共建筑、题词和雕塑让人们渐渐看清，"所有第一公民中最优秀的一位"是不足以形容奥古斯都的。他是君主，是独一无二的。

第十四章 对政治可持续性的求索——继承人问题

奥古斯都的确是一个前所未有的皇帝。他的同代人没能找到准确的词语，用以形容其身份地位。没有任何术语可以同时概括他的权力、政治空间，以及其合法地位和所谓"共和制"的全权代理身份。后世回看奥古斯都时，意识不到其地位随着时间慢慢发生的变化，因此才能从上文提到的那些角度给他明确定位。人们将简单粗暴地描绘他的身份地位，因为这可以让人产生一种印象：奥古斯都的地位自始至终没有发生过变化。后世将公元前 27 年左右的奥古斯都直接称作皇帝，这样一来便歪曲了他的形象，此外，罗马君主制是数十年后才正式确立的，这一事实也变得不甚明确。奥古斯都的权力根基包括：元老院和人民在不同时期赋予他的各种权力、他个人的巨额财富，以及他同帝国上下数不胜数的个人和群体建立的如同客户—代理人一般的联系。在这些因素的共同作用之下，他才获得了让他本人非常重视并视为一切政治行动的基础的威权（auctoritas）。现代的研究经常从这方面入手。

由如此众多的因素造就的权力地位自然不能轻易交到另一个人手里，至少不能由奥古斯都本人转交。如果他尝试这么做了，那么他精心设计的整套权力体系很可能就和共和国一起成为历史了。他自然不能表现出，整个帝国都在他一人掌控之中。元老院和人民需要"选举"出那个能统治整个帝国的人。得到元老院和人民的支持不难，不过，这个过程不能违反重建的共和国的意识形态。奥古斯都用行动证明了他是这方面的专家，他能让民众尤其是元老院顺应他的想法，同时不破坏既定的规则。

奥古斯都当然从未考虑过，要让他创设的

地位同他的人生一起走向终点。与共和国的每个罗马贵族一样，他希望自己的家族能守住他所获得的地位，现在，这一地位便是罗马共和国的君主。因此，毫不奇怪，他在早期为传位之事付出了很大努力。然而，他的问题始终在于没有子嗣，如此也就没有能自然而然地继承其政治权力、家族势力（财产、"客户"）的人。他唯一的孩子是公元前39年与第二任妻子司克里波尼娅所生的女儿尤莉娅。她的人生命运很大程度上被父亲的政治需求所左右，正因如此，她的生命以悲剧告终。外人看来，她漫长的一生是灿烂多彩的，但对她个人来说，却从没有得到过自己真正想要的东西。

奥古斯都尚在西班牙时（公元前26年～公元前24年），便将尤莉娅嫁与他的外甥——他姐姐刚满17岁的儿子马塞卢斯。让这位年轻人进入家族的愿望是如此迫切，以至于奥古斯都在自己无法出席婚礼的情况下，让阿格里帕代行父亲的职责，使二人完婚。作为第一公民的女婿，马塞卢斯的地位迅速提升。对于这一点，没有什么比公元前23年对曾任马其顿省资深执政官的马尔库斯·普里穆斯的审判更有说服力了。他被指控，在未接到命令的情况下擅自发动对奥德里西亚人的战争。他为自己辩护，称接到了来自奥古斯都以及马塞卢斯的指示才下令进攻。他的说法是否真实并不重要。重要的是，他的行为足以证明，仅仅由于马塞卢斯是奥古斯都的女婿，人们便如此认可他的政治影响力。毋庸置疑，奥古斯都已经将马塞卢斯认定为可以长期与他共担大任的人选。但奥古斯都没能如愿，公元前23年马塞卢斯便去世了。

根据奥古斯都的行为很容易看出，掩饰将大位传予马塞卢斯的个人意愿对他来说有多么重要。尽管公元前23年6月他已大病痊愈，传位问题也不再急迫，但是马塞卢斯将成为他的"接班人"的传言依然甚嚣尘上。最终，奥古斯都决定在元老院宣读他的遗言，从而消除公众的全部疑虑。不过，相比打消公众的疑虑，他的这一行为更有可能是针对他的党派和他最重要的伙伴阿格里帕的。

马塞卢斯死后，阿格里帕便接替了他的位置。然而，这依然是通过成为奥古斯都最亲近的家庭成员来达成的。阿格里帕不得不与妻子离婚，并迎娶刚刚失去丈夫的尤莉娅。自公元前23年起，他便握有同资深执政官一样的军权，五年后，他又获得了护民官的职权。其在法律上的地位进一步向奥古斯都靠近，然而还是存在区别的。公元前20年，尤莉娅为他生下了第一个儿子；公元前17年，次子也出生了。奥古斯都公开收养了他们，他的外孙盖乌斯和卢修斯，现在变成了他的儿子，并被载入《功业录》中。收养他们的目的起初是一目了然的：成为奥古斯都的继承者。他甚至没有做任何表面上的掩饰，毕竟没有人能公开指责他违反了自己所设立的罗马共和国法规。况且，这件事从现实层面来看尚不迫切，因为就算出现紧急情况，也只有阿格里帕——两位"奥古斯都之子"的亲生父亲堪当重任，取代奥古斯都。此外，长期来看，接任奥古斯都之位的是他的儿子。因此，阿格里帕与这两位年轻的"恺撒"之间不存在竞争关系。他们太年轻，尚不足以参与政治纷争。

这样一来，奥古斯都貌似优雅地解决了这个棘手的问题，一连确定了两代继承人。然而，短短五年以后，这一美梦便破灭了。公元前12年，阿格里帕去世，奥古斯都的两个外孙还都是未成年的孩子。如有紧急情况出现，他们是没有能力接手大权的。第一公民是个非常现实的人，他实在不想看到这一局面，于是再次从他最亲近的家族成员中寻找解决办法。莉薇娅在嫁给奥古斯都的时候带来了两个儿子——提贝里乌斯和德鲁苏斯。她迫切地希望，两个儿子能守住大位。因此，可以想见，她会不断地提醒丈夫，现在到了重新考虑未来的时候了。第一步是为尤莉娅寻一位丈夫。彼时莉薇娅的次子德鲁苏斯已经娶了奥古斯都的外甥女安东尼娅为妻，这一层亲属关系已经很近了，为此打破这段婚姻并不划算。而提贝里乌斯则相反，他只娶到了维普萨尼亚，已故阿格里帕在第一段婚姻中的女儿。因此他必须结束婚姻，待阿格里帕的丧期结束后，即刻迎娶尤莉娅。可以确信，提贝里乌斯是因为巨大的政治利益才被迫同意这门婚事的，因为他和尤莉娅性格十分不合。当然，他也可能是隐藏了自己对于共和国最高职位的野心，因而才做出这样的决定。

不过，相比阿格里帕，奥古斯都对提贝里乌斯明显有所保留，并不放心授予他相应的代理权，进而明确向他许诺未来的权力。但是，随后几年中，提贝里乌斯凭借在潘诺尼亚和日耳曼地区的战功，多次获得大将军的荣誉。公元前 7 年，正值他的第二个执政官在任期间，他在日耳曼地区打了一次胜仗，竟然举行了凯旋仪式。这是公元前 19 年以来，奥古斯都第一次允许举行凯旋仪式。公元前 6 年，第一公民终于授予他护民官职权。对于他未来的许诺，奥古斯都终于松了口。然而，这已经太晚了。因为同一年，提贝里乌斯主动走下政治舞台，而且离开罗马去了罗得岛——形同流放。关于原因的推测多种多样，但是至今尚没有定论。他与尤莉娅的恶劣关系无疑是原因之一。目前无法判断，尤莉娅与其他一些男人之间的风流韵事在多大程度上是真实的，又在多大程度上只是好事的公众恶意编造出来的八卦。

更为严峻的问题是，公元前 6 年，提贝里乌斯逐渐意识到，两位"奥古斯都之子"——一个 14 岁、一个 11 岁——日益受到奥古斯都的重视。在奥古斯都以他们名字命名的戏剧表演中，他们代表着人民，观众完全明白奥古斯都想借此传递怎样的信息。此外，他们二人很早便通过增选进入了教长会。公元前 8 年，奥古斯都带着盖乌斯·恺撒前往高卢，向他展示驻扎在当地的军队。莱茵河畔地区的军团除了军饷外还收到了一笔以盖乌斯的名义发放的拨款，因此，这些军团忠诚地为他效力。提贝里乌斯隐退后，这一局面变得更为清晰。公元前 5 年，奥古斯都再次担任执政官是为了使身着托袈长袍①的盖乌斯焕发光彩。元老院决议，准许盖乌斯参与元老院议事。同年，他被选为执政官，这一职权将在 5 年后、他年满 20 岁时交给他。在此之前，罗马历史上从未出现过如此年轻的执政官。青年骑士团将盖乌斯选举为领导者——"第一青年"（princeps iuventutis）。这与奥古斯都"第一元老院议员"（princeps senatus）的身份是平行的，不容轻视。各行省也都意识到，谁会成为未来的掌权之人。因此，他们纷纷派出使节向这位"王子"表忠心。南西班牙和小

① 罗马男性衣着。

亚细亚的碑文显示，每年向奥古斯都宣誓忠诚的誓词中附加了对盖乌斯·恺撒和他弟弟的忠心。公元前2年，卢修斯·恺撒达到规定年龄，也被授予和哥哥一样的权力和荣誉。这样一来，奥古斯都看似在家族内部为权力的传承上了双保险——如果命运再多给他几年时间，帮助他的"继承者们"做好准备的话。要做好准备，他们不仅需要丰富的经验，还要学会处理与军队、行省领导层的关系。公元前1年，盖乌斯·恺撒被派往东部，他要熟悉那里的行省，与帕提亚缔结新的协约，并任命一位亚美尼亚国王。公元1年，他在叙利亚履任执政官。公元3年，占领了阿塔吉拉之后，他被敬称为"大将军"。

大约在同一时间，卢修斯本应去西班牙看望当地军队，从而在经验和威望上与哥哥保持同步。然而，他在途径南法兰克的马西利亚时突然死亡，奥古斯都不得不将这位寄予厚望的儿子安葬进他的陵墓。命运的打击很快再次到来：盖乌斯在围攻阿塔吉拉时受伤，最后未能康复；公元4年2月，在返回吕基亚省的利米拉途中，他去世了。奥古斯都再次开启了他的墓园，埋葬了第二个儿子的骨灰。随骨灰一同埋葬的，还有他对传位于血亲的希望。

属于提贝里乌斯的时刻终于到来了。卢修斯死前不久，他被准许返回罗马城，此前，尽管莉薇娅多加干预，但奥古斯都还是拒绝了这一请求。在尤莉娅陷入了一桩丑闻之后，奥古斯都亲自解除了她与提贝里乌斯的婚姻关系，这样一来，对于提贝里乌斯，他几乎不再负有任何义务了。提贝里乌斯现在只是他的继子。然而，在盖乌斯死后，奥古斯都不得不有所行动——他的意图很明确，行事也十分谨慎。在一段时间内，他并没有做出任何安排，一旦突然离世，他的大业便会毫无着落。奥古斯都此时一定想尽快按照个人意志做出一个长远安排，然而谈判进行了很久，他与莉薇娅和提贝里乌斯的争论想必也十分激烈。尽管提贝里乌斯已经有一个 18 岁的儿子德鲁苏斯，奥古斯都却要求他收养他兄弟的儿子日耳曼尼库斯，他只比提贝里乌斯的儿子大一点点。日耳曼尼库斯因为他母亲、奥古斯都的外甥女安东尼娅的原因，属于第一公民的家族。最终，公元 4 年 6 月 26（或 27）日，提贝里乌斯顺从了奥古斯都的要求，收养了日耳曼尼库斯。当天（或第二天），奥古斯都便收养了提贝里乌斯，把他从继子变成了儿子。

提贝里乌斯掌握了一切用以有效领导人民的必要工具：公元 4 年，他获得了护民官权，以及作为资深执政官的指挥权。对奥古斯都"大将军"的敬称，现在也附加上他的名字。公元 13 年，他举行了第二次凯旋仪式。一个不可忽视的信号是，外国使臣也纷纷投奔提贝里乌斯。最终在公元 13 年，通过公民法，他获得了与奥古斯都同等的军权。从此以后，他便可以在罗马城、意大利以及所有行省采取行动，同时成为军队的统领。提贝里乌斯确信，公元 13 年 4 月 3 日，奥古斯都会在他的遗嘱中将他确定为主要继承人。这样，第一公民去世后，解决法律和权力问题便有规律可循了。这便是奥古斯都修改其生平自述的最后阶段。为了写下这一笔，他已经准备了太长时间。公元 14 年七八月间，他对《功业录》做了最后的修改。奥古斯都的一生，尽管有过种种缺憾，但终究是充实而完满的。

第十五章　死亡与未来

对死亡的思考始终伴随着奥古斯都。他体质虚弱，因此必须为随时可能发生的提前离场做好准备。正因如此，他很早就开始为身后事做打算，防止出现政治上的长期空白。

这位第一公民也提前为自己建好了陵墓。早在公元前 32 年，他和安东尼的较量还未结束的时候，就在城市边界之外神圣的练兵场上为自己和家族兴建了陵墓——奥古斯都墓（Mausoleum Augusti）。据推测，这一行动在政治上主要是为了向罗马公众声明，对于屋大维来说，哪里是帝国的中心，也即他本人眼中的中心。然而，当公元前 28 年这座圆形的巨大陵墓基本建成时，内部的政敌都已经消失了。它在这时已经变成了第一公民及其统治家族政治理念的纪念碑。

奥古斯都墓在当时是全罗马规模最大的陵墓。直径达 89 米，改建后的高度是 45 米，盘踞在练兵场的北部。如今，在四周建筑的环绕之下，这座墓园失去了昔日雄伟的风采。外墙上白色的石灰岩与常绿灌木相互映衬，这些植物就种在古墓的土堆上。入口两侧是由亮白色大理石连接起来的环形外墙，上层圆柱体的正面也是由这种大理石制成的。第一个在这里下葬的人是奥古斯都的女婿马塞卢斯，随后葬入的家庭成员包括阿格里帕和他的两个儿子盖乌斯、卢修斯。环形外墙上刻有记录他们功绩的铭文，随着越来越多的人在这里下葬，外墙上的铭文也逐渐增加。前院立着两座方尖碑，是专门在埃及制成后运来的。第一公民死后，紧靠大门的两侧竖起了两根方形的青铜柱，上面镌刻了《功业录》，以供后人阅读。

这座陵墓是一个政治家族的统治纪念碑，这一点通过它的构造、地理位置得以体现。奥古斯都在陵墓周围修建了广阔的庭院，好让人们驻足观看陵墓上和周边的铭文、雕塑及战利品。公元前13年，第一公民自高卢回到罗马，元老院为他设立和平祭坛时决定重建陵墓以南的整片区域。随后这里建起了一座巨大的太阳钟，它的指针是用从埃及运来的第一座方尖碑制成的。今天，这座太阳钟矗立在意大利议会门前。接近椭圆形的石板路面上用青铜标注了月、日、时的刻度。这座钟的校准方法是，让和平祭坛正对着标示二分点的那条线。这一天即9月23日晚上，方尖碑的影子刚好落入祭坛入口。人们借此表明这座祭坛是为谁而建的——奥古斯都的生日是9月23日。在他出生时，宇宙便做出决定，他就是那个将为世界带来和平的人——当然，这要等他结束内战、战胜了安东尼和埃及女王之后。敬献给太阳神的方尖塔象征着屋大维征服了埃及。这样，第一公民的出生、胜利和死亡融入了同一座巨型纪念建筑。这座建筑的构造象征着对易朽的生命的超越。

最迟于公元13年，奥古斯都已经感到体力的衰弱。因此，他组建了一个由20名元老院议员组成的小组，与他们讨论国事，他的决定与整个元老院的决定具有同样的效力。他的身体状况是提贝里乌斯在这一年获得和他相同等级的军权的原因之一。公元 14 年夏天，奥古斯都陪同提贝里乌斯前去看望驻扎在伊利里亚的部队，随后又去了贝内文托，最后抵达诺拉，这里是屋大维的父亲去世的地方。也许他感到自己的生命即将走到终点，而有意选择了这个地方。公元 14 年 8 月 19 日，奥古斯都去世。据称，他死在了父亲去世的房间里。当时，莉薇娅在他的身边。被她召回的"奥古斯都之子"、继承者提贝里乌斯也在他身边。第一公民努力确保政治过渡期不发生动乱，他的计划成功了。提贝里乌斯接手了整个帝国，也没有人对此表示质疑。

带着奥古斯都的遗体，送葬队伍从诺拉出发，缓慢地向罗马行进。奥古斯都亲自安排了自己的安葬事宜。在下葬那天，一切公共或私人商铺都关门歇业，全罗马城以及意大利和各行省成百上千的居民赶来参加葬礼。被委任的祭司们将他的遗体装进用黄金和象牙制成的棺材中，从他位于帕拉蒂尼山上的家中抬向罗马广场。在两座演讲台上，提贝里乌斯和他的儿子德鲁苏斯分别做了演讲。随后，行进的队伍穿过凯旋门到达战神广场。火化的地点距离陵墓很近。火焰燃起时，一只鹰飞向天空，象征着逝者的灵魂已经升到了诸神所在之地。随后，一位元老院议员发誓，宣称看到了逝者的灵魂向诸神的方向飞升。莉薇娅以一百万赛斯特斯嘉奖了这位见证者。元老院对公众宣称，奥古斯都已经成为诸神的一员（divus）。他们决定为他建立一座神庙，以供公众祭拜，并专设一个祭祀这位神化的第一公民的圣职。奥古斯都彻底成为罗马的万神之一，成为罗马宗教与祭祀的一部分，这些都是共和国稳定与未来的基础。火化后的第五天，莉薇娅将奥古斯都的骨灰收入一个大理石制成的骨灰瓮中，放进陵墓中央的一间简朴的墓室中。在高过入口40多米的古冢顶部伫立着一座超过真人大小的青铜雕像，用以纪念这位罗马的再造者。他像守护者一样，护卫着他的作品。

即使面貌改变，这个作品还是会存在下去。

所有的继任者都将他视为合法性的来源。即使他们以完全不同的方式行事，也会公开宣称奥古斯都为自己的楷模，并将"奥古斯都"加进自己的名字。因此，这个名字背后的个性消失了，"奥古斯都"变成了一个头衔。在卡西乌斯·迪奥看来，奥古斯都的所作所为影响了此后的几个世纪并推动了未来的种种发展，从公元前29年梅塞纳斯的演讲中就可以预见（原书第40页）。他建议创设元首制和帝国，其实是在奥古斯都建立的基础上，对未来两个世纪发展规划的总结。以后人的视角回看，奥古斯都去世后发生的所有事件的基本元素早在他那个时代就已经出现了，虽然当时出现的只是这些元素的雏形。尽管某些领域的发展方向与过去有所不同，但是，罗马的未来确实是基于奥古斯都的统治时代建立的。不过，他也不可能预知并提前计划好一切。毫无疑问，罗马帝国时代是由他塑造的，但这个时代并不限于其个人意志。即使是在如此保守的一个时代，人们依然可以洞见深刻的变革。奥古斯都的统治阶段也是如此。如果从阿克提姆战役算起，奥古斯都统治了罗马帝国45年：除他以外，再也没有人的统治时期达到过这个长度。但是，由于我们的史料大多是后人的记述，这一时期的发展状况始终不够清晰。奥古斯都统治时期似乎很少或从未发生过变化，如同他的肖像，四十多年间始终只有一种面貌。他老年时期的肖像也从未出现过。

他的所作所为在任何时期都没有引起争议，尤其是公元前1世纪20年代末期以来，没有人

图 6 头戴槲叶环的奥古斯都

敢公开批评他。塔西佗在他的编年史中记述奥古斯都的葬礼时，分别站在其反对者和支持者的立场上表述了对他的看法（见第一章）。但是，值得注意的是，尽管这一批判性表述与众不同，但也仅限于三巨头时期，并未涉及他战胜了最后一位反对者后的行为。残忍、狡猾、有着强烈的权力欲——这些曾是对他的指责。然而，即使是最严厉的政敌也不会否认他真正的政治功绩：通过个人努力重建了稳定的共和国、创立了君主制，重新界定了行省的政治意义，最终使帝国大部分地区恢复了和平稳定。他在罗马帝国的任何继任者都未能创下可与之相提并论的功业。而后世的国家领导人中，又有几人相及呢？

前 63 年 9 月 23 日	盖乌斯·屋大维（后来的奥古斯都）降生。
前 59 年	其父盖乌斯·屋大维去世。
前 49~ 前 45 年	恺撒与庞培展开内战。
前 45 年秋	驻扎阿波罗尼亚。
前 44 年 3 月 15 日	恺撒遇刺；不久后，遗嘱公开。
前 44 年 5 月 8 日	屋大维正式继承恺撒的遗产。
前 43 年 1 月 2 日	被元老院接纳；获得财务上的军权。
前 43 年 4 月 21 日	穆提那战役；两位执政官去世。
前 43 年 8 月 19 日	屋大维第一次担任执

政官。

前 43 年 11 月 27 日	"三头同盟"立法通过。
前 42 年 10 月 23 日	在腓立比与恺撒谋杀者交战。
前 40 年	征服贝鲁西亚。
前 39 年	《米赛诺条约》。
前 38 年 1 月 17 日	与莉薇娅成婚。
前 37 年秋	塔兰托会面后，三头同盟的协约更新。
前 36 年 9 月 3 日	于纳洛丘斯挫败塞克斯图斯·庞培。
前 37~ 前 33 年	安东尼于帕提亚和亚美尼亚交战。
前 35~ 前 33 年	屋大维在伊利里库姆进行军事储备。
前 32 年	获得意大利与西部行省的宣誓效忠。
前 31 年 9 月 2 日	在阿克提姆击败安东尼和克利奥帕特拉。
前 30 年 8 月 1 日	接管亚历山大港。
前 29 年 8 月 13~15 日	举行三连胜庆典。

前 28 年	人口普查与元老院重组。
前 27 年 1 月 13 日	将至上权力交还元老院与人民。
前 27 年 1 月 16 日	对行省的十年控制权；被授予"奥古斯都"的荣誉称号。
前 27~ 前 25 年	居高卢与西班牙。
前 23 年	罗马城中针对奥古斯都的阴谋；卸任执政官；获得护民官权；在行省中任资深执政官；他的军权影响力扩散至所有省份；阿格里帕获得了五年期的资深执政官军权。
前 22~ 前 19 年	居东部省份。
前 21 年	阿格里帕与奥古斯都的女儿尤莉娅结婚。
前 20 年	从帕提亚夺回罗马的军团标志。
前 19 年	将其军权拓展至罗马城

	和意大利。
前 18 年	将护民官权转给阿格里帕。
前 17 年	收养盖乌斯·恺撒和卢修斯·恺撒。
前 17 年 5 月 31 日~6 月 12 日	举办百年大祭。
前 16 年	劳里乌斯战败；奥古斯都重新规划高卢地区。
前 13 年 7 月 4 日	重返罗马城；决定建立和平祭坛。
前 12 年	当选大祭司；阿格里帕去世。
前 12~前 9 年	德鲁苏斯进攻莱茵河右岸的日耳曼部族；同时，提贝里乌斯征服了潘诺尼亚。
前 11 年	提贝里乌斯与尤莉娅结婚。
前 9 年 1 月 30 日	和平祭坛献词。
前 9 年	德鲁苏斯在日耳曼尼亚

	去世。
前 8 年	原名为赛克斯提里斯（Sextilis）的月份更名为奥古斯都（Augustus）。
前 9~ 前 8 年	提贝里乌斯驻扎于日后被征服了的日耳曼尼亚。
前 6 年	护民官权转交至提贝里乌斯；提贝里乌斯退归罗得岛。
前 5 年	盖乌斯·恺撒身着托加长袍。
前 2 年 2 月 5 日	被授予"国父"称号；奥古斯都广场完工。
公元 2 年	提贝里乌斯从罗得岛返回。
2 年 8 月 20 日	卢修斯·恺撒在马西利亚去世。
4 年 2 月 21 日	盖乌斯·恺撒在利米拉去世。
4 年 6 月 26/27 日	奥古斯都收养提贝里乌斯，在此之前，提贝里

	乌斯收养了日耳曼尼库斯；将资深执政官军权与护民官权交给提贝里乌斯。
6~9 年	潘诺尼亚叛乱。
9 年	罗马最大军团之一在日耳曼尼亚被歼灭；瓦卢斯去世。
10~12 年	提贝里乌斯再征日耳曼尼亚。
13 年	最后一次延长他本人的军权，同时也延长了提贝里乌斯的军权。
13 年 4 月 3 日	奥古斯都写完了最后一个版本的遗嘱；日耳曼尼库斯获得军权并前往日耳曼尼亚；被嘉奖为大将军。
14 年 5 月	和提贝里乌斯共同完成人口普查；最后一次修改《功业录》。

14 年 8 月 19 日　　　　　奥古斯都于诺拉去世。

14 年 9 月 17 日　　　　　元老院宣告奥古斯都成

　　　　　　　　　　　　　神：奥古斯都神。

图片来源

贝克出版社向以下图片提供者致谢：

图 1：Professor Henner von Hesberg，Köln；

图 2：Professor Edmund Buchner，München（Photo：F. Funk）；

图 3：John P. C. Kent / Bernhard Overbeck / Armin Stylow：Die römische Münze，München（Hirmer）1993，KO 130 V，Tafel 34；

图 5：John P. C. Kent / Bernhard Overbeck / Armin Stylow：Die römische Münze，München（Hirmer）1993，KO 132 V，Tafel 33，KO 132 R，Tafel 33；

图 6：Die Staatlichen Antikensammlungen und Glyptothek München。

187

G. Alföldy, Augustus und die Inschriften: Tradition und Innovation. Die Geburt der imperialen Epigraphik, Gymnasium 98, 1991, 289–324

ders., Das neue Edikt des Augustus aus El Bierzo in Hispanien, ZPE 131, 2000, 177–205

W. Ameling, Augustus und Agrippa, Chiron 24, 1994, 1–28

J. Bleicken, Augustus. Eine Biographie, Berlin 1998

ders., Imperium consulare/proconsulare im Übergang von der Republik zum Prinzipat, in: Colloquium aus Anlaß des 80. Geburtstages von Alfred Heuß, Kallmünz 1993, 117–133

G. Bowersock, Augustus and the East: The Problem of the Succession, in: Millar-Segal 169–188

K. Bringmann, *Imperium proconsulare* und Mitregentschaft im frühen Prinzipat, Chiron 7, 1977, 219–238

ders., Augustus, Darmstadt 2007

E. Buchner, Solarium Augusti und Ara Pacis, Römische Mitteilungen 83, 1976, 319–365

ders., Ein Kanal für Obelisken: Neues vom Mausoleum des Augustus in Rom, Antike Welt 27, 1996, 161–168

K. Christ, Zur augusteischen Germanienpolitik, Chiron 7, 1977, 149–205

M. Clauss, Kleopatra, München ⁴2010

H. M. Cotton/A. Yakobson, Arcanum imperii, in: G. Clark – T. Rajak (Hg.), Philosophy and Power in the Graeco-Roman World. Essays in Honour of Miriam Griffin, Oxford 2002, 193–209

J. A. Crook, Political History, 30 B. C. to A. D. 14, in: Cambridge Ancient History, Band 10, Cambridge 1996, 70–112

ders., Augustus: Power, Authority, Achievement, ibid. 113–146

A. Dalla Rosa, Cura e tutela: l'origine del potere imperiale sulle province proconsolari, Stuttgart 2014.

W. Eck, Augustus' administrative Reformen: Pragmatismus oder systematisches Handeln? in: ders., Die Verwaltung des römischen Reiches in der Hohen Kaiserzeit, 1. Bd., Basel 1995, 83–102

ders., Senatorial Self-Representation: Developments in the Augustan Period, in: Millar-Segal 129–168

ders., Augustus und die Großprovinz Germanien, Kölner Jahrbuch 37, 2004, 11–22

ders., Köln in römischer Zeit. Geschichte einer Stadt im Rahmen des Imperium Romanum, Köln 2004

ders., Shaping the Lives of Men, in: ders., The Age of Augustus, Oxford ²2007, 100 ff.

ders., Herrschaft durch Administration? Die Veränderung in der administrativen Organisation des Imperium Romanum unter Augustus, in:

Des reformes augustéennes. Études rénies par Yann Rivière, Rom 2012, 151–169

E. Gabba, The Historians and Augustus, in: Millar-Segal 61–88

K. Galinsky, Augustus. Sein Leben als Kaiser, Darmstadt 2013

V. Gardthausen, Augustus und seine Zeit I–III, Leipzig 1891–1904

K. M. Giradet, Rom auf dem Weg von der Republik zum Prinzipat, Bonn 2007

J. Griffin, Augustus and the Poets: ‚Caesar qui cogere posset‘, in: Millar-Segal 189–218

E. S. Gruen, The Expansion of the Empire under Augustus, in: Cambridge Ancient History, Band 10, Cambridge 1996, 147–197

D. Kienast, Augustus. Princeps und Monarch, Darmstadt ²1999

U. Laffi, L'organizzazione dell'Italia sotto Augusto e la creazione delle „regiones", in: Tradizione Romanistica e Costituzione, hg. L. Labruna – M. P. Baccari – C. Cascione, Neapel 2006, 933 ff.

Chr. Meier, Augustus. Die Begründung der Monarchie als Wiederherstellung der Republik, in: Die Ohnmacht des allmächtigen Dictators Caesar. Drei biographische Skizzen, Frankfurt 1980

F. Millar/E. Segal (Hg.), Caesar Augustus. Seven Aspects, Oxford 1984

F. Millar, State and Subject: The Impact of Monarchy, in: Millar-Segal 37–60

C. Nicolet, Augustus, Government, and the Propertied Classes, in: Millar-Segal 89–128

M. Pani, Augusto e il principato, Bologna 2013

Chr. Pelling, The Triumviral Period, in: Cambridge Ancient History, Band 10, Cambridge 1996, 1–69

K. Raaflaub/M. Toher (Hg.), Between Republic and Empire: Interpretations of Augustus and his Principate, Berkeley 1990

Res gestae divi Augusti. Hauts faits du divin Auguste. Texte établie et traduit par J. Scheid, Paris 2007

Res gestae divi Augusti, in: The Greek and Latin Inscriptions of Ankara (Ancyra), hg. St. Mitchell – D. French, München 2012, Nr. 1

W. Rich/J. H. C. Williams, *Leges et iura p. r. restituit*: A new aureus of Octavian and his settlement of 28–27 BC, Numismatic Chronicle 159, 1999, 169–213

J.-M. Roddaz, Marcus Agrippa, Rom 1984

W. Schmitthenner (Hg.), Augustus, Darmstadt 1969

R. Syme, The Roman Revolution, Oxford 1939; dt. Die Römische Revolution, München 1992

ders., Augustan Aristocracy, Oxford 1986

Fr. Vittinghoff, Kaiser Augustus, Göttingen ³1991

K. W. Welwei, Römische Weltherrschaftsideologie und augusteische Germanienpolitik, Gymnasium 93, 1986, 118–137

Z. Yavetz, The *Res gestae* and Augustus' Public Image, in: Millar-Segal 1–36

P. Zanker, Augustus und die Macht der Bilder, München ⁵2009

索　引

（此部分页码为德文版页码，即本书页边码。）

Actium 32 ff., 38 f.
adlectio 66
Adoption 60, 62, 64, 109, 112
adulterium 71
Aelius Gallus 99
Aemilius Lepidus 16, 18, 23, 26,
　27 f., 63
Aeneas 104
aerarium militare 86
Africa 18 f., 58 f.
Agrippa 25, 32, 36 ff., 40, 44, 53, 56,
　59 ff., 70, 93 f., 104 f., 108, 109,
　110, 114
Ägypten 39, 50
Alexander 91
Alexandria 35, 39
Alpen, Eroberung 94
Ambracia 37
Amyntas 90
Ancyra 7
Antonia 112
L. Antonius 21 f.
M. Antonius 13, 15, 16, 18 ff., 29 ff.,
　32 ff., 37 ff., 91, 113, 115
Apoll von Actium 39, 61, 101
Aqua Iulia 105
Aqua Virgo 105
ara Fortunae Reducis 57
ara Pacis Augustae 89, 114
Archelaus 90
Armenien 31
Arminius 97 f.
Artagira 111 f.
Asinius Pollio 16
Asturer 51
Asturien 72
Äthiopien 99, 100
Atia 11
auctoritas 46, 49, 107
Augustalia 57
Augustus:
　Geburtstag 11, 115
　Mutter Atia 11
　Vater Octavius 10 f., 115

Namensformen 13, 48 f., 89
Augustus als Beiname 48, 116
Octavianus 13
Aufnahme in den Senat 15 f.
Beratung über Staatsform 40 f.
als einziges Machtzentrum 73
princeps noster 73
nicht Kaiser 49, 106 f.
cura rei publicae 78, 81, 85 f., 92 f.
und der Senat 33, 63 ff., 115
Reisen 100
Ehrungen 42 f., 100
Porträt 118
Selbstdarstellung 100 ff., 113 ff.
als Zielpunkt der röm. Geschichte
　103 f.
Omnipräsenz 105 f.
Residenz 100 f.
Privatvermögen 84 f.
Testament 7, 113
Tod 7 ff., 113 ff.
Grabmal 37, 111, 113 ff.
Begräbnis 116
Urteil über sein Werk 7 ff., 116 ff.
Charakter 20
Grausamkeit 9, 118
Skrupellosigkeit 9
Vergöttlichung 116
Außenpolitik 89 ff.
Basilica Aemilia 103
Basilica Gai et Luci Caesarum 102 f.
Bataver 82
Beckinghausen 95
Böhmen 96
Bologna 18
Brundisium 13, 23
D. Brutus 16
M. Brutus 16, 20
Bürgerkrieg 35 f., 39 f., 82
Caesar 10, 11 f., 14, 15, 17, 48 f., 65,
　91
　Rache für C. 16, 17
Caesarianer 14, 15, 17, 22, 41
Calpurnius Piso 53, 67

Campania 13
Cantabrer 51, 93
Carnuntum 96
C. Cassius 16, 20
Cassius Dio 40, 117
Census der Bürger 43, 76
Centurionen 23, 83, 88
Cherusker 97 f.
Cicero 15, 19, 101
Circei 28
App. Claudius Caecus 103
Claudius Marcellus 52, 103, 108 f.,
    114
Ti. Claudius Nero 24 f.
clementia 19
Cleopatra 26, 30 f., 34 ff., 115
clipeus virtutis 8, 47 f.
consensus universorum 36
Corcyra 37
Cornelius Balbus 58 ff., 66
Cornelius Gallus 50 f.
Cornelius Lentulus 58, 87
corona civica 47, 48
Corsica 25
cura annonae 56, 74 f.
curatores locorum publicorum
    iudicandorum 75
curatores viarum 77
Curia Iulia 103
cursus publicus 77
Cyprus 45
Dangstetten 93
Dictatur 56
Divinisierung 116
Cn. Dolabella 13
Cn. Domitius Ahenobarbus 33, 38
domus Augusta 60
Drusus 25, 94 f., 104, 109 f.
Egnatius Rufus 75
Eid für Augustus 9, 36, 111
Emerita 52
Ephesus 32
Expansionspolitik 89 ff.
fasces 58
Fasti Capitolini 53, 57
Fernstraßenbau 93
Fetialpriester 37
Feuerwehr 75

Flamen Dialis 63
Flotte 20, 25, 26, 37 f.
Forum Augusti 60, 103 f.
Forum Romanum 102 f.
Gaetuler 58, 87
Gaius Caesar 60, 109 ff., 114
Galatien-Pamphylien 7, 90
Gallia Cisalpina 18
Gallien 18, 45, 100, 111
Garamanten 58
Germanenpolitik 93 ff.
Germanicus 98, 112
Germanien, Provinz 95 ff.
Haltern 95
Heer 81 ff.
    stehendes 82 ff.
    als politischer Faktor 23
    Revolte 86
    Oberkommandierender 87, 113
    Auszeichnungen 87, 89
    Rekrutierung 96 f.
    Finanzierung 83 ff., 88 f.
    Dienstzeit 86 f.
Herodes 90
Hilfstruppen 78, 82
Hirtius 16
Horaz 39, 62
Ianus Quirinus 40
Illyricum 32, 58, 94 f.
Imperatorenakklamation 11, 59 f.,
    88, 89, 112
imperium maius 55, 87
imperium proconsulare 54, 60,
    113
Inschriften 7, 58 f., 102, 104, 114
Italien 21 ff., 29 f., 32, 36, 65, 76 f.,
    84 f.
Iudaea 72, 90, 94
Iulia, Tochter des Aug. 23, 52, 60,
    70, 107 ff.
Jesus, Geburt 91
Kaisarion 31
Kaiser 49, 106 f.
Kaiserzeit, Charakter der 117 f.
Kandake 100
Kapitol 104
Karrhae 26
Klientel 44, 46, 107

Klientelkönige 20, 92
Konsul/Konsulat 43, 46 f., 54, 56 f.,
    62, 68, 69 f.
Kriege, Expansions- 90 ff.
Landanweisungen 85
Larenkapellen 106
latus clavus 67
Lebensmittelversorgung 74 f.
legati Augusti pro praetore 58, 79 f.,
    88
Legionen 44, 45, 72, 78, 82 ff., 98,
    111
Licinus 80
Licinius Crassus (Triumvir) 18, 91
Licinius Crassus 51
Limyra 112
litterae aureae 105 f.
Livia Drusilla 24 f., 29, 101, 109,
    112, 115 f.
M. Lollius 94
Lucius Caesar 60, 109 ff., 114
Lusitania 93
Macedonia 11, 12, 20
macellum Liviae 105
Maecenas 40 f., 117
Mainz 96
Marbod 96, 98
Marcellustheater 104
Mars 103
Marsch auf Rom 15 ff.
Massilia 112
Mausoleum des Augustus 37, 112,
    113 ff.
Milet 27
Misenum 24 f.
Monarchie 10, 40 f., 106, 118
Monumentum Ancyranum 7, 17
Munatius Plancus 16, 34 f., 48
Munizipalaristokratie 10, 19 f., 29
Münzen 61
Mutina 16
Mylai 27
Nachfolgeproblematik 52 f., 60,
    106 ff.
L. Naevius Surdinus 103
Narbonensis 18
Naulochos 27
Nicopolis 38

Nobilität 11, 52
Nola 11, 115
Noricum 94
ob cives servatos 47 f.
Obelisken 114 f.
Oberaden 95
Octavia 23, 29, 30 f., 34, 52
C. Octavius 10 f.
öffentliche Meinung 91, 92
Opposition 62
ornamenta triumphalia 60, 88
Palatin 38, 63 f., 101
Pannonien 82, 94, 96
Pansa 16
Pantheon 105 f.
Parther 25 f., 30, 91 f., 99, 100, 102,
    111
pater patriae 8, 63, 64, 104
Patrizier 11, 43, 69
pax Augusta 89
Q. Pedius 16
Perusia 22
C. Petronius 99
Philae 51
Philippi 20, 103
pietas 14
Plebs, stadtrömische 55 f.
pomerium 55
Pompeius Magnus 18, 45 f., 74, 91,
    103
Sex. Pompeius 18, 22 ff., 27, 35
Pompeiustheater 104
pontifex maximus 28, 63, 101
praefectus annonae 74
praefectus vehiculorum 77
praefectus vigilum 75
Präfekt von Ägypten 72
Präfekten als Unterstatthalter 71 f., 94
Prätorianer 46, 76, 83
Priesterämter 69
M. Primus 53, 108
Princeps 49, 52, 59 f.
princeps iuventutis 111
princeps senatus 111
Prinzipat 40 ff., 50 ff., 117
    Nachfolgeproblematik 52, 60,
        106 ff.
    Spielregeln 50 ff.

奥 古 斯 都 和 他 的 时 代

Prokonsul 54, 57 f., 77 f., 87 f.
Prokuratoren 79 f.
Propaganda als politisches Mittel 31
Proskriptionen 18 f.
Provinzen des Augustus 45, 54
Provinzen des Volkes 45, 54, 78 f.
Provinzen/Provinzverwaltung 21, 28,
    77 ff.
Quästur 66, 79
C. Quinctilius Varus 69, 97 f.
Rätien 94
Rednertribüne 102
Republik, Wiederherstellung 47 f.
Republikaner 14, 20
res gestae 7, 8, 13, 17, 27, 36, 38,
    43 f., 46, 57, 63, 64, 81, 84, 86,
    89, 90, 99, 103 f., 109, 113, 114
Revolution 19 f.
Rheinfront 93 ff.
Rhodos 96, 110
Ritter 19, 22, 67, 68, 111
Rom 24, 28, 36, 54 f., 74 ff.,
    99 ff.
Romulus 48, 101, 102, 103
Sabäer 99
sacrosanctitas 29
Saepta Iulia 105
Säkularspiele 61 f.
Samos 100
Sardinien 18, 25
Scribonia 23, 107 f.
sella curulis 57
Senat/Senatoren 15, 19, 22, 29, 33,
    38, 44, 46, 47, 50, 53 ff., 63 ff.,
    66 ff., 80, 100, 103, 106, 107,
    115
sidus Iulium 14, 61
Sizilien 18
Sklavenkrieg 28
Sonnenuhr 115
C. Sosius 33, 38
Spanien 18, 45, 52, 92, 100
Staatskasse 84 f.
Stadtpräfekt 76
Statthalter 78 ff.
Statuen 103, 104, 105
Steuern 20, 79 ff., 83 ff.
    Erbschaftssteuer 86

Steuerbelastung 83 f., 87
    Steuereinzug 80 f.
Suffektkonsul 70
Sugambrer 94
Sulla 18, 91, 103
R. Syme 19, 37
Syrien 45, 111
Tacitus 9, 118
Tarent 26
Tarraco 100
Tarraconensis 93
Tempel der Diana 104
Tempel des Castor und Pollux 102
Tempel des divus Caesar 102
Tempel des Mars Ultor 92, 103, 106
Tempel des Quirinus 104
Terentius Varro Murena 53
Thermen Agrippas 105
Tiberius 25, 59 f., 71, 89, 92, 94–98,
    102, 109 f., 112 f., 115
M. Titius 34 f.
Traditionen, republikanische 20,
    39 f., 59 f., 62, 72 f.
Traian 64
tribunicia potestas 29, 55, 60, 110,
    113
Triumph 39, 51, 58 ff., 88, 89, 110
Triumphbogen 92, 106
Triumvirat 18 ff., 26, 28, 33, 34, 43,
    118
tropaeum Alpium 94
Ubier 82, 93
M. Valerius Messalla Corvinus 64
Velitrae 10
Venus 103
Vergil 21, 91
Verschwörungen 52
Verwaltung des Reiches 73 ff., 80
Vesta 63, 101
Vestalinnen 35, 63
Veteranen 12 f., 14, 20 ff., 28, 36, 44,
    51, 84 ff.
vicesima hereditatium 86
vico-magistri 75
Volkstribunen 68 f.
Wahlen 68
Waldgirmes 96
Wasserleitungen 36, 75, 104

作者简介

维尔纳·埃克（Werner Eck）1939 年出生于纽伦堡，1979 年成为科隆大学古代历史学教授，自 1979 年起为《纸草学与铭文学杂志》主编之一，荣获马克斯－普朗克国际研究奖。

译者简介

林晓萌，毕业于北京师范大学文学院，德国柏林自由大学汉学硕士。

图书在版编目（CIP）数据

奥古斯都和他的时代 / (德) 维尔纳·埃克著；林晓萌译. -- 北京：社会科学文献出版社, 2021.6
（生而为王：全13册）
ISBN 978-7-5201-8346-8

Ⅰ.①奥… Ⅱ.①维… ②林… Ⅲ.①奥古斯都(前63-14)-传记 Ⅳ.①K835.467=2

中国版本图书馆CIP数据核字（2021）第092709号

生而为王：全13册
奥古斯都和他的时代

著　　者 / 〔德〕维尔纳·埃克
译　　者 / 林晓萌

出 版 人 / 王利民
组稿编辑 / 段其刚
责任编辑 / 周方茹
文稿编辑 / 韩宜儒　陈嘉瑜

出　　版 / 社会科学文献出版社·联合出版中心（010）59367151
　　　　　地址：北京市北三环中路甲29号院华龙大厦　邮编：100029
　　　　　网址：www.ssap.com.cn
发　　行 / 市场营销中心（010）59367081　59367083
印　　装 / 北京盛通印刷股份有限公司

规　　格 / 开　本：889mm×1194mm 1/32
　　　　　本册印张：6.25　本册字数：87千字
版　　次 / 2021年6月第1版　2021年6月第1次印刷
书　　号 / ISBN 978-7-5201-8346-8
著作权合同
登 记 号 / 图字01-2019-3621号
定　　价 / 498.00元（全13册）

本书如有印装质量问题，请与读者服务中心（010-59367028）联系

▲▲ 版权所有　翻印必究